ゴルフ
セルフプレー時代の超一流キャディのアドバイス

Important things
when playing golf by yourself

優勝請負人プロキャディ

清水重憲

SHIGENORI SHIMIZU

河出書房新社

はじめに

みなさん、こんにちは！　プロフェッショナル・キャディの清水重憲《しみずしげのり》です。
今から遡ること10年、２０１４年にはじめての著書を上梓し、大変好評をいただきました。当時はまだプロキャディという存在に馴染みがなく、ゴルファーでさえゴルフバッグを運ぶだけの仕事と思われていた方が多かった時代。そんな時にキャディの仕事の本質について話す機会を得て、たくさんの方にその内容を知っていただきました。プロゴルファーやジュニアゴルファーにも読んでいただき、トーナメント会場などで声をかけていただいたことは、今でも嬉しい思い出として残っています。

それがきっかけのひとつとなり、２０１９年にプロキャディ業界を支援、リードするための新たな団体として「日本プロキャディー協会」（ＪＰＣＡ）を設立することができました。現在は同協会の副代表理事として、代表理事の森本真祐《もりもとしんすけ》氏を支えつつ「プロキャディーとゴルフ界に、新しい価値と創造を。」をスローガンに活動を続け、個人的にはツアー帯同優勝回数通算40勝という節目を迎えることもできました。

新型コロナウイルスのパンデミックが起こったのは、ＪＰＣＡを設立した翌年すぐのことでした。緊急事態宣言が発せられ、人々は活動停止を余儀なくされました。開催が予定されていたゴルフトーナメントはのきなみ中止となり、プロゴルファーもキャディも仕事の場を失いました。もちろんみなさんも、多大な犠牲を強いられ悪夢のような時間を過ごされたことと思います。

トーナメントがなければお金を稼げないのがプロキャディの性《さが》。いつまで続くのかわからないパンデミック、どうやって生活の糧を得ようかと思い悩む日が続きました。

そんな渦中で一筋の光明が差しました。三密を回避でき、適度な運動になってストレス解消にもつながるということでゴルフが再注目されたのです。

キャディができるのはゴルファーを導くことです。とりわけ我々プロキャディは、プロゴルファーとともにラウンドした経験を生かして、あらゆるゴルファーにいいスコアを出してもらうことができます。プロキャディと聞くとプロゴルファーの帯同に特化した仕事と思われがちですが、そんなことはありません。

ましてやゴルフ場に多くのアマチュアゴルファーが押し寄せているコロナ禍の状況。もしかしたらいい機会になるかもしれないと考え、アマチュアゴルファーのラウンドに帯同させていただく活動をスタートさせました。

蓋を開けてみるとこれが好評で、たくさんのアマチュアの方と一緒にラウンドができ、「とても助かった」とか「勉強になった」といった感想をいただきました。

同時にその場は、私自身がキャディとして多くのことを学ぶ場にもなりました。プロの世界では当たり前にやっていることをアマチュアの方はやっていなかったり、少しの工夫でもっとプレーに集中できるのに、と思ったりすることがたくさんあったのです。

もちろん、コースマネジメントやグリーンの読み方などについては言うに及ばずで、私が提案したことをやっていただいてベストスコアをマークされた方さえおられたのです。

本書では、新たな体験を通して私が気づいた、アマチュアゴルファーに必ず役立つアドバイスやラウンドで不可欠となる知識を紹介しています。今やゴルフはセルフプレーがメインの時代。プレーヤーはプレーヤーであると同時にキャディでなくてはなりません。後者の部分をサポートするのが本書の役割。もし私があなたのバッグを担いだら、本書の中にあるようなことをいいます。

ゴルフにはいろいろな楽しみ方があります。先入観なくドライバーを振って飛ばすのも楽しいですし、ぶっつけ本番で知らないコースをラウンドするのもいいでしょう。

でも、スコアをまとめたいと思ったら、知っておくべきことや、押さえておかなければいけないポイントがあります。本書を読んでいただければそれがわかり、セルフプレーでもキャディがいるかのように振る舞えるようになります。特に「練習しているのになかなかスコアが良くならない」という方にはよく効きます。

清水重憲

ゴルフ セルフプレー時代の超一流キャディのアドバイス

もくじ

第1章

5打縮まる！ セルフプレー スタート前の準備

第2章
OBなしで確実に2打目が打てるセルフプレーのティショット術

第3章

ノーブルでグリーンへ ジェネラルエリアのセルフプレー

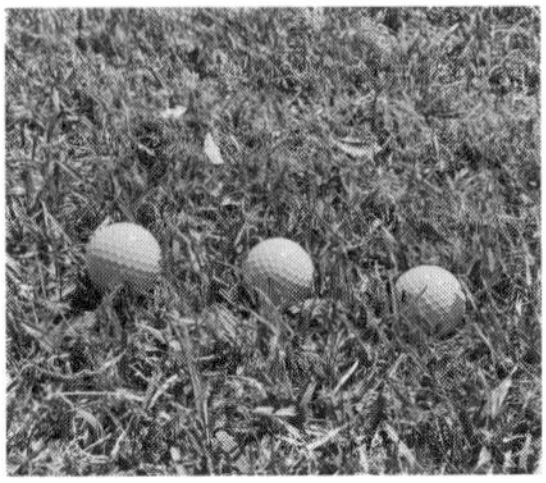

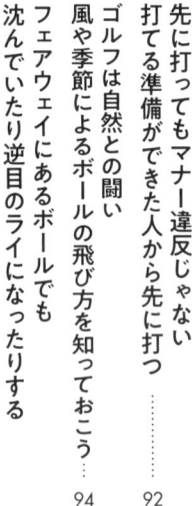

第4章
キャディ目線で3パット撲滅！セルフプレーのパッティング

第5章
私があなたのキャディなら……
セルフプレーヤーに贈るゴルフの心得

第1章

5打縮まる！ セルフプレー スタート前の準備

Important things when playing golf by yourself

ネットで事前にコースの情報を収集心の準備ができるだけでもメリットになる

この章ではセルフでラウンドするにあたり、事前にやっておくとスコアが良くなったり、知っているとスムーズにラウンドできること、プロがやっていることでアマチュアの方にも役立ちそうなことを紹介しますので参考にしてください。

セルフで回れるゴルフ場は格式ばったところがなく、比較的気軽にプレーできます。そのため行ったことがないコースをセルフでラウンドすることも多いのではないでしょうか。

ぶっつけ本番、出たとこ勝負でラウンドするのも楽しいですが、いいスコアで回ろうと思ったら、やはりコースについて知っておく必要があります。

そこで役に立つのがネット情報。みなさんと同じように、私もはじめてのコースで仕事をすることがよくありますが、必ずネットで下調べをします。

絶対に見るのはコースのホームページ。各ホールについてどの程度までわかるかはコースによってまちまちですが、ちゃんと説明されているところについては、読んでから回ってみると、ホームページに書いてある通りだったと思うことが多いです。

たとえば「○番ホールのグリーンはあまりアンジュレーションがないので、思い切って攻めましょう」とか、「○番はアンジュレーションがあるので狙い場所をはっきり決めましょう」程度の情報でもいい。狙い場所をどこにすればいいかまではわかりませんが、どんな心づもりで臨めばいいかわかるだけでもメリットがあります。

詳しい説明がなく、ホールレイアウトや距離だけ紹介されているホームページも多いですが、それでもないよりはまし。左ドッグレッグが多ければドローヒッターが、右ドッグならフェードヒッターが有利と事前にわかりますから、トーナメント会場のホームページを見てキャディをするプロの球筋と擦り合わせる、といったチェックは欠かさずやります。アマチュアの方なら**自分の持ち球からどう攻めるかシミュレーションできるでしょう。**

画像はもちろん、最近はホールごとにドローンで撮影した動画が見られるホームページもありますから、以前に比べればはるかにラウンドイメージが湧きやすくなっています。ラウンドまで日数があれば、そのイメージをもって練習場に行き、ショットをシミュレーションするのも楽しいでしょう。パー3のホールで使いそうな番手を練習しておく、といった対策もとれます。「練習は具体的な目標をもってやらなきゃダメ」とプロはいいますが、まさにそれができる。後日回るのですから一石二鳥です。

ただし、必ず現実とのギャップはありますから、あまり決めつけてしまうと、ラウンドで何かが起こったときに対応できません。柔軟性をもって取り組むのがポイントです。

真夏のゴルフは命がけ!? 念には念の酷暑対策を！

セルフプレーでは何もかも自分でやらなければなりません。プレーに関することはもちろんですが、プレー時間が長いですから、道具や身の回りのケアが必要になることもあります。そこで、プロのキャディバッグの中身を参考に、ラウンド中に携帯しておいたほうがいいものをお伝えします。

プロの場合、ボールは基本1ダース持っていき、1ラウンドで3個くらい使うのが平均的です。私は勝手に、プロがボギーを打ったらボールを替えることにしていました。調子が良ければ、女子は1ラウンド1個で済むこともありますが、男子は3ホールで1個くらい。パワーがあるので消耗が早い気がするし、傷がつくことも多いからです。アマチュアの方も1ダース持っていけば安心してプレーできるのではないかと思います。

余談ですが、あるプロに「アマチュアはボールをなくさないようにプレーすれば、スコアは自然と良くなるよ」と言われました。確かにアマチュアゴルファーはＯＢや池ポチャなどボールを打たずして打数を増やしがち。そう考えると、とてもいいアドバイスという気がします。

クラブ拭きやボール拭きも自前のものがあると便利

グローブはみなさん1枚しか使わないと思いますが、雨になったり、破れてしまったりした場合などに備えて予備を1枚入れておくといいでしょう。

結構大事なアイテムが**タオル**です。セルフプレーの場合、クラブとボールを拭くタオルがカートに用意されていますが、**自前のものがあれば、人が使っているのを待つことなくマイペースで事を運べます。**もちろん汗や手を拭くタオルは必携。中くらいの大きさのスポーツタオルとフェースタオルがあればいいでしょう。**雨の場合は各々2枚ずつ**持っていきたいところです。

ドリンク類も欠かせません。とりわけ最近の夏は猛暑日が多いので**水筒が必需品**です。大汗をかくと塩分やミネラルも不足するので、水だけでなくスポーツドリンクも忘れずに。ゴルフ場では水と氷を用意してくれていますから、インターバルでは必ず水筒に水を補充しておきましょう。**塩分補給用のタブレット**などもあると安心です。

昨今の酷暑対策として、**小さめのクーラーボックスを持参してドリンクや冷却剤を入れておく**人がいますが、これは大正解。さまざまな冷感・冷却グッズも出ていますので活用してください。日焼け止め、虫除け、虫刺されの薬や絆創膏なども忘れずに。一度刺されると治癒に時間がかかるブヨ除けには**ハッカ油**が効くようです。

ルールブックはセルフプレーの友。バッグに忍ばせておく

気温が低い冬は喉の渇きを感じにくいですが、湿度が低く空気が乾燥して意外と水分を失っていますから、最低でもペットボトル1本は持っていくようにしましょう。

防寒も万全に。プロも真冬にラウンドすることがありますが、たくさん着込むとスイングしづらくなるので、なるべく重ね着しないようにしています。

一番の対策は使い捨てカイロ。肌着に貼り付けるタイプのものを腰や背中など何ヵ所にも貼っていて、なおかつ移動中は上着を着て、打つときだけ脱ぐ、というスタイルで臨んでいます。バッグにレインウエアを常備しておけば肌寒いときに役立ちます。

帽子は夏も冬も必要です。夏は直射日光と紫外線を遮断するため。冬は頭部から熱が逃げるので、それを防止するため。キャップの場合、冬は生地が厚手のものがいいですね。

サングラスもオールシーズンあったほうがいいと思います。本当かどうか定かではありませんが、最近はグリーンのラインが見えやすいという触れ込みのサングラスもあるようなので、探してみると楽しいかもしれません。

ティやボールマーカー、グリーンフォークなどはいうまでもありませんが、ルールブックを持っていない人が意外と多いようです。頻繁に使うことはないとしても、誰にも判断がつかない事案に遭遇することもあるので、バッグのポケットに忍ばせておきましょう。

ドリンクは季節を問わず必需品。練習用のダミーカップは混み合ったパッティンググリーンで大いに役立ちます

また、**パット練習用のダミーのカップ**（カップと同じ大きさのプラスチックのプレートや輪）があると、パッティンググリーンが混んでいるときの練習に役立ちます。

コースによっては途中にある茶店に自販機しかなく、なおかつ現金しか使えないこともありますから、スタート前に確認して、必要なら**お金**も持っていくようにしましょう。

9ホール終了後にランチが入ることがほとんどだと思いますが、ちょっとした食べ物もあるといいと思います。

特に朝が早いと朝食を食べ損ねたり、軽く済ませてしまうことが多い。小腹が空いたときに何か口に入れると体力も復活します。とりわけ**チョコレート**は疲れたときに回復する効果が出やすいということで、プロも携行している人がたくさんいます。ただ、夏場は溶けてしまいますから気をつけて。

スタート2時間前にはコース入り 風のチェックがスコアメイクのカギ

私がプロのキャディをやるときは、スタートの3時間以上前に起きます。何時に起きてもまずやるのは天気予報を見ること。テレビかスマホでチェックします。

天候も気になりますが、もっと気になるのは風。風向きと風の強さを見て、コースにあてはめてみます。

プロと一緒に練習ラウンドを一度やれば、ホールと風向きの兼ね合いは大体つかめるので、試合期間中の朝の段階では大雑把に傾向をつかんでおきます。

コースに入るのはスタートの2〜2時間半前くらい。プロもおおむね2時間前にはコース入りします。その時点で、すでに食事を済ませている人もいれば、コースで朝食をとる人もいます。

どのプロにもほぼ共通しているのは、30分ほどストレッチをしてから練習をはじめるところ。コースでやらない人は滞在先で出発前にやっています。アマチュアの方はストレッチもせず、いきなり練習をはじめる人も多いですが、いいプレーをするためにもケガを予防するためにもプロを見習っていただきたいと思います。

朝起きたらすぐに天気と風を
チェック。スタート前にも確
認してティオフに備えます

コース図にベーシックな風向きを書き込む

練習場でも風をチェックします。風を感じない作りの練習場だと難しいですが、ひらけて広いところなら風向きも強さも大体わかります。私の場合、天気予報で確認した風情報が頭に入っていますから、その情報と照らし合わせて食い違っていないか確認しますが、みなさんは練習場に行ってから把握してもいいでしょう。

コースによってはスコアカードにコースの全体図が描かれていることがあります。その場合はコース図に風向きを書き込んでおきましょう。ラウンド中は風向きで迷うことが多々あります。そんなときはコース図に書き込んだベーシックな風向きを参考にするといい。基準があるとわかりやすくなります。

私がそこまで風を気にするのは、把握できているかいないかでスコアが2～3打変わるからです。たとえ1打でもプロにとっては大きいので、キャディをやっているときには、より神経を使います。

アマチュアゴルファーへの影響はもっと大きいかもしれません。フォローと知らずに打ってOBになったり、アゲンストの中で番手を上げずに打ってハザードに入ったりということが多く、一度のミスジャッジが大叩きの呼び水になることがよくあるからです。気にしていなかった人はちょっと気を配ってみてください。スコアが違ってくるはずです。

スコアカードのコース図に風向きの傾向を書き込んでおくと迷ったときにも役立ちます

ラウンドがスムーズに進行できるゴルフカートの取り回し方

セルフプレーでは通常4～5人乗りのゴルフカートを使いますが、カートの取り回し方次第で、プレーにかける時間をかなり増やすことができます。

いうまでもありませんが、カートの運転は自動車の運転免許証保持者が担当しましょう。簡単だからと、自信のないペーパードライバーやビギナーに任せてはいけません。日本のゴルフ場には乗用カートを使う前提で開場していないところがたくさんあります。あとからカート道を敷設したコースには、運転に慣れている人でさえ恐怖を感じる、険しくて狭い道や急激なアップダウンがよくあるからです。

自走できないモードで使用する電磁誘導カートの場合、誰かが遠隔操作用のリモコンを携帯することになりますが、これはペアリングの中でもうまい人、もしくはセルフラウンド経験の豊富な人が持ちましょう。

ただし、ゴルフがうまくても、他のプレーヤーに気を配れない人がリモコンを持つと、カートやプレーヤーが置き去りになるなどして進行が遅れるので、そのへんは相互理解でリモコン係を決めてください。そんな人はいないと思いますが、面倒だからとラウンド経験が少ない人にリモコンを持たせるのは、ゴルファーとしてどうかと思います。

バッグの積み位置に合わせてカートの座席を決めておく

バッグを積む位置とカートの座席の関係にも気をつけましょう。

よく、使ったクラブをキャディバッグに戻すときに、プレーヤー同士で先を譲り合うことがあると思います。大したことではないですが、何度も繰り返すと結構時間を食いますし、何より面倒くさい。カートの右側に乗っているバッグの所有者は右側の席に座り、左側の所有者は左側の席に座る。何となくこう決めておくと、各人の動線が決まってスムーズに動けます。

スタート時にはすでにバッグが積まれていますが、もし運転できない人のバッグが運転席のある左側に積まれていたら、運転できる人のバッグと位置を入れ換えておくことをおすすめします。積み換えるくらい大した手間ではないですから。

ホールアウトしたあとにクラブをバッグに戻すのは、次のホールに移動してからが基本です。スコアカードにスコアを書き込むタイミングについても同様。ホールアウトしているのに、クラブをしまったりスコアをつけたりして、いつまでもグリーンのそばにいるのはマナー違反と考えてもいいくらいです。

運転する頻度が高い人のバッグを左端に積む。その隣のバッグの持ち主は左側後部座席、右２本の持ち主は右側の座席を使うようにするとスムーズに動けます

ティショット後は〝セカンドオナー〟にカートの位置を合わせる

ラウンドでは、とんでもない方向にボールが飛んでしまい、頭が真っ白になることもあるでしょう。もしみんなが揃ってそうなると、カートが置き去りになってしまうことがあります。リモコン式ならカートが遅れるだけで済みますが、自走式だと誰かがカートを回収しに戻らなければなりません。ボールのところに急ぎたい気持ちはわかりますが、カート道に近い方向に打った人は必ずカートに乗っていきましょう。そのほうが焦って次打地点に向かうより早く進行できます。

今はグリーンまでの残り距離とは関係なく、準備ができた人から打てるルールになりましたが、自分の組が後続組から見えないブラインドの状況では、グリーンからもっとも遠いプレーヤー、俗にセカンドオナーなどといいますが、そのプレーヤーにカートの位置を合わせるようにしましょう。

というのも、カートをどんどん先に進めてしまうと、プレーヤーが置き去りになって後続組から打ち込まれる危険があるからです。カートに搭載されたナビには、前の組のカート位置が表示されるものがありますし、人は見えなくてもカートなら見えることもよくあるので、後続組からの打ち込みを未然に防げます。

見通しのよいホールなら臨機応変でＯＫ。もし同伴者にスロープレーが目にあまる人がいたら、「動かすよ〜」と一声かけてカートを先に流し、進行を促してもいいと思います。また、カートから離れたところにいるプレーヤーがクラブを必要とした場合は、運転者やカートの近くにいる人がクラブを持っていってあげることで進行の遅れを防げます。

全員がグリーンに乗る前に、誰かが当該ホールの出口近くまで進める

忘れがちですが、ショットの際には誰かがカートに備え付けてある目土袋を持っていくように。コースへの乗り入れができる場合は、よりスムーズにプレーを進行できるはずです。最後にグリーンに向かう際のカートの扱いですが、全員がグリーンに乗る前に、誰かが当該ホールの出口近くまで進めておくのが基本です。これについてはカート道沿いや路面に指示が書いてあるので覚えがある人も多いでしょう。

この場合、ボールがグリーンに乗っている人がカートを移動させます。誰も乗っていなければ、ハザード以外でグリーンに一番近い人。その場合、移動させた人が最後にアプローチを打つことになるかもしれませんが、移動中のカートからグリーン全体を見渡せますし、降りてボールのところに向かう道すがら、グリーンの傾斜をじっくり見られることが多いですから、その機会をつくるためにも積極的にカートを前に進めましょう。

全員がグリーンまでそこそこ距離があり、やむをえずいったんカートを止め置くときにも、最初にグリーンに乗せた人が奥まで運びます。なお、カートを降りてグリーンに向か

うときには、カートに他のプレーヤーのパターが残されていないかを確認。ボール拭き用のタオルを持っていくこともお忘れなく。

ターフを取ったら必ず目土をするのは最低限のマナーと心得てください

精度が上がったGPSナビゲーションを大いに活用すべし

昨今はGPSナビが搭載されたカートが多くなりました。ナビの情報は結構正確。以前のGPSナビは距離計算能力に不安があり、もっぱら手持ちの距離計測器を頼りにしていましたが、最近はGPSの精度が上がって遜色なく使えるようになっているので大いに活用するべきです。

使い方は機種によって違いますが、ベーシックな機能として現在地からピンまで、前の組のカートまで、ハザードまでの距離などがわかります。

また、最新式のナビには、画面上でボールを運びたいポイントにタッチすると、現在地からそこまでの距離が出るものもあります。ティイングエリアから何ヤード打ったら池に入るかが即座にわかったり、得意な距離を残すには何ヤード打てばいいか、などといった細かい情報も割り出せますから使わない手はありません。ナビで得た情報にボールのライや風向きなどを加味してクラブを選択すれば、よりよいショットメイクができるでしょう。ブラインドエリアがどうなっているかも大体わかりますから、コースマネジメントにも役立つはずです。

グリーンの情報も有益です。攻略画面を開けるタイプのナビなら、詳細なピンポジションはもちろん、傾斜も教えてくれるのでライン読みにも威力を発揮します。

ラウンド機会の少ないアマチュアの方がグリーンを読むのはかなり難しく、上りか下りかを見きわめるのも大変です。慣れていないことや周囲の景色に惑わされるのがおもな原因ですが、**ナビに示されている傾斜は紛れもない事実**です。従えば少なくとも上りや下りを間違うことはありませんからあてにしていい。**必ずナビでグリーンの基本情報を仕入れてからグリーンに乗る習慣をつけましょう。**

進化したGPSナビはセルフプレーで頼りになる存在です

GPSナビがないコースではヤーデージ杭で残り距離を割り出す

自前のコースナビや距離測定器などがなく、カートにもGPSナビが付いていないゴルフ場でプレーすることもあるでしょう。そうなるとグリーンまでの残り距離を知るうえで頼りになるのは、ホールの左右に立てられているヤーデージ杭になります。

ジェネラルエリアのスプリンクラーに距離が示されているコースもありますが、目立ちませんし、必ずしも知りたいところにあるわけではないので、使い勝手がいいとはいえません。

ヤーデージ杭が示しているのはグリーンまでの距離です。数字、色分け、杭に入った線の数などで50ヤードごとに示されています。減少傾向ながら、杭の代わりに小ぶりの立木が使われているところもあります。

たとえば線の数で示されている場合、1本なら残り100ヤード、2本なら同150ヤード、3本だと同200ヤードが一般的です。

日本には2グリーンのコースもたくさんあります。その場合、ホールの左右両サイドにあるそれぞれのヤーデージ杭が、2つのグリーンまでの残り距離を示しています。

グリーンは縦列に位置することはなく、多少であっても必ず左右にズレていますから、進

ヤーデージ表示はコースによって２パターン。グリーンセンターまでと手前エッジまでとがあります。

２グリーンの場合、右サイドのヤーデジ杭は右、左サイドのヤーデージ杭は左グリーンまでの距離を示します。写真のように左右で色を変えているコースもあります行方向右側にあるグリーンはホールの右サイドにあるヤーデージ杭、左側にあるグリーンは左サイドのヤーデージ杭が、それぞれの残り距離を示しています。右サイドから左のグリーン、左サイドから右のグリーンを狙う場合には、それぞれ距離を間違えないよう注意が必要です。

残り距離の表示はグリーンセンターまでとエッジまでの2パターンがある

ヤーデージ杭がどこまでの距離を示しているかはコースによって違っていて、グリーンセンターまでの距離とグリーン手前のエッジまでの距離の2パターンがあります。

後者でピンを狙う場合には、ヤーデージ杭の距離にエッジからピンまでの距離をプラスしてトータルの距離を割り出さなければなりません。そうなると、その日のピンポジションがわからないことにはトータル距離がわかりませんが、ナビがないコースならピンポジションが書かれたピンシートがカートに備え付けられているはずです。

多いのはグリーンセンターまでの距離を示したコースですが、最近はエッジまでのコースも増えているようです。ただし、パー3のヤーデージ表示はグリーンセンターまでの距離を示しています。

ちなみにプロのキャディをするときは、エッジまでの距離をベースにします。試合期間中は毎日ピンの位置が変わるからです。いずれにしても、みなさんがラウンドする際には、センターまでかエッジまでかをスタート前に確認しておく必要があります。

朝のショット練習はウォームアップ練習がスコアに影響することはない

スタート前の練習の仕方にルールはありませんが、参考までにプロの練習の仕方を紹介しましょう。なぜかはわかりませんが、男子プロと女子プロでは練習の順番が違います。男子は「ショット→アプローチ→パット」、女子は「パット→ショット→アプローチ→パット」の順が主流です。

どちらを真似てもいいですが、コースによっては練習場の打席が少なく、ラッシュアワーには満杯になってしまうことがあります。そんなときには先にパットやアプローチ練習をすると合理的です。ショット練習に時間を食ってパット練習ができずにスタートする、といった事態を回避できます。

プロの練習時間はトータル1時間ほどで、練習内容の時間配分もほぼ決まっています。たとえば２０２３年に日本ツアーを引退したイ・ボミプロの場合、パット10分、ショット20分、アプローチ10分、最後にもう一度パットをスタートの10分前までやりました。

アマチュアの方の場合は、コースに練習場がないこともありますが、あったらやるべきです。いうまでもなく、いきなりティショットを打つのと、ある程度打ったのとでは、フィジカル的にもメンタル的にも雲泥の差があるからです。

とはいえ、普段練習場でやっているような練習は必要ありません。普段はスイングをチェックして悪いところを修正したり、ドリルで正しい動きを身につけたりしていると思いますが、スタート前にそれは不要。やってできないと迷ったままスタートすることになります。

なぜ私がこんなことをいえるかといえばプロがそうだから。普段の練習では愚直に地味な練習をやっているプロですが、スタート前にそれはしません。やってもせいぜい球のつかまり方や飛距離をチェックする程度で、いずれにしてもウォーミングアップの延長といった感じ。スタート前の練習はスイングに体を馴染ませるためのものですから、練習がスコアに直接影響することはありません。

得意なクラブや打ちやすい番手を打って、いいイメージをつける

基本的にはウォームアップなので、打球数はおおむね50球程度。そのうち圧倒的に多いのはウエッジ類で、半分くらいの球数を費やします。重いウエッジからはじめて体をほぐしたり、スコアメイク上大事なクラブだからというのが理由だそうです。ウエッジからはじめて徐々に番手を上げていきドライバーへ、そこからまたウエッジに戻って練習を締めるプロが多いですね。

打つ番手は偶数番手だけ、奇数番手だけなどさまざまですが、ウエッジを除いて4〜5本

といったところです。傾向的には得意なクラブや比較的打ちやすいクラブを打って、いいイメージをつけているようです。

これもプロに聞いた話ですが、ウォームアップ以外でアマチュアの方がやるといいのはアドレスのチェック。とりわけ、打ちたい方向に向けているか、ボールの位置は適切かを確認することだそうです。アマチュアゴルファーを見ていると、普通にスイングできるのに、アドレスの向きがズレていたり、ボールの位置がまちまちでうまく当たらなかったりする人が多いから、ということです。

スイングはすぐに変わりません。それに比べるとアドレスの向きは即座に修正できます。また、ボールの位置は毎日微妙に変わるので、その日に合った位置を見つけておくことが大事。ボール位置がしっくりくるまでハーフラウンドもかかってしまう人が多いらしいので、せめてドライバーのボール位置だけでも突き止めておけば、朝イチのティショットがうまくいっていいスタートが切れるでしょう。

これは私からの提案ですが、時間があったらパー3のティショットで使いそうな番手を、本番さながらにティアップして打つ練習をしておくのもいいと思います。これも多くのプロがやっていることです。

朝のショット練習でプロが気にするのはアドレスの向きやスイングリズム

朝のショット練習の主目的はウォームアップですが、あえてプロが気に留めることを挙げるとすれば、距離感と球のつかまり具合でしょうか。

我々アマチュアのように、ショットがあちこちに飛ぶことはないプロですが、それでも自分のイメージより出球が左右に出たり、微妙にダフりやトップ気味なことはあるため、その日の傾向を気にかけておきます。もちろん対応策も心得ていますから、多くのプロはアジャストして練習場をあとにします。

ただ、いろいろな事情でアジャストしきれないこともあります。そんなときは**その打球を「今日の自分の球」と考えてラウンドを組み立てます。**調子がイマイチでも自分の許容範囲内に収まっていればＯＫということです。

アジャストするにしても、細かいことをやるプロはいません。おもに気にするのは**アドレスの向きやスイングリズム。**特にリズムは大事にしていて「調子のいい選手は間違いなくいいリズムでスイングしている」とプロはいいます。

そんな前提で練習することもあり、打球に大きなブレが出ないという一面もあると思うので、みなさんも朝の練習では、ドライバーからウエッジまで同じリズムでスイングすることを心がけて練習してみてはいかがでしょうか。

度外れたスライスでなければ直そうとしなくていい

参考までにお伝えすると、練習場でつかまった球が出ているプロは、ラウンドではつかまりすぎて左に飛ぶ傾向があるようです。本番でアドレナリンが出てしまうせいかもしれません。

プロは左に飛ぶのを嫌います。ドライバーでもアイアンでも、つかまった球は想定外に左に行きやすく同時に飛距離も出てしまいます。ドライバーでは左にヒッカケ、アイアンではピンはもちろんグリーンさえオーバーする事態を招く恐れがあって大ケガのもとになりやすい。キャディの目で見ると、スタート前の練習ではつかまりがイマイチくらいでちょうどいいように感じます。

アマチュアゴルファーは圧倒的にスライサーが多いですが、度外れたスライスでない限り、直そうとしなくてもいいと思います。もし、私がそんな人のキャディをやるとしたら、あえてそのままスタートしてもらい、マネジメントでスコアを作っていきます。たとえスライスでも、いつも同じ球が出ていたほうがマネジメントしやすいですから。

アプローチは手前から、パットはちょっとオーバーさせるのがスタート前練習のポイント

アプローチ練習場があったらアプローチ練習もやりましょう。ショット練習と同様に、こちらも難しいことはやらずに基本的な状況、すなわち花道を想定した平らでボールが浮いた良好なライか、それに近い浅いラフあたりからだけでいいと思います。

難しいところから打ってもうまくいきませんし、シャカリキに練習したところで同じ状況から打つ確率は低いのでやるだけ無駄。うまくいかないイメージを抱えたままスタートすることにもなりかねません。

練習では設定したターゲットに打ちますが、おすすめはショートさせること。私はプロのキャディをするときも「ショートめに打ってください」と頼みます。というのも、日本のコースは手前から奥に上っている受けグリーンが多いから。ピンをオーバーして奥から打つと、おしなべて難しいパットになります。「ゴルフは手前から」といわれますが、そうしたほうがいいホールが圧倒的に多いのです。また、プロの場合は本番になるとヘッドが走って強めに入ることが多いという理由もあります。

いずれにせよ、アプローチはカップに入れにいくものではなく、寄せにいくものである

スタート前のアプローチ練習はいいライからだけやればOK。カップや目標の手前に止めることを心がけ、いいイメージをもった状態でスタートしましょう

ことを徹底すべき。「手前から」のセオリー通り、グリーンを狙ったショットで手前に打っても、アプローチでオーバーしたらせっかくのマネジメントが潰えてしまいます。

もうひとつプロのアプローチ練習で気にしたいのはキャリーで、プロが狙っていた場所にボールを落とせているかを見ます。プロは思い通りのところにキャリーできれば、ほぼワンパット圏内に寄るからです。

もちろんアマチュアの方にそこまでの正確性は必要ありませんが、狙ったエリアにキャリーできると距離感が合ってきます。ボールを近いエリアに落とせば近くに、遠いエリアに落とせば遠くまで転がるわけで、それだけでも大ショートや大オーバーを防ぐ効果が期待できます。

パットの練習は距離感を合わせるだけに特化する

パットの練習ではタッチを合わせます。重要なのはカップに入れることではなく、自分の打ちたい距離にイメージしたボールスピードで打てるかどうか。ロングパットについては、自分の感覚で打って距離が合わないようなら、合うまでやったほうがいい。そのためにも時間に余裕をもってパット練習をはじめましょう。

距離を合わせるには、グリーンの端から、なるべく平らなラインを見つけ、何も考えずに3球なら3球を気持ち良く打ってみる。すると大体同じところに止まるはずなので、打

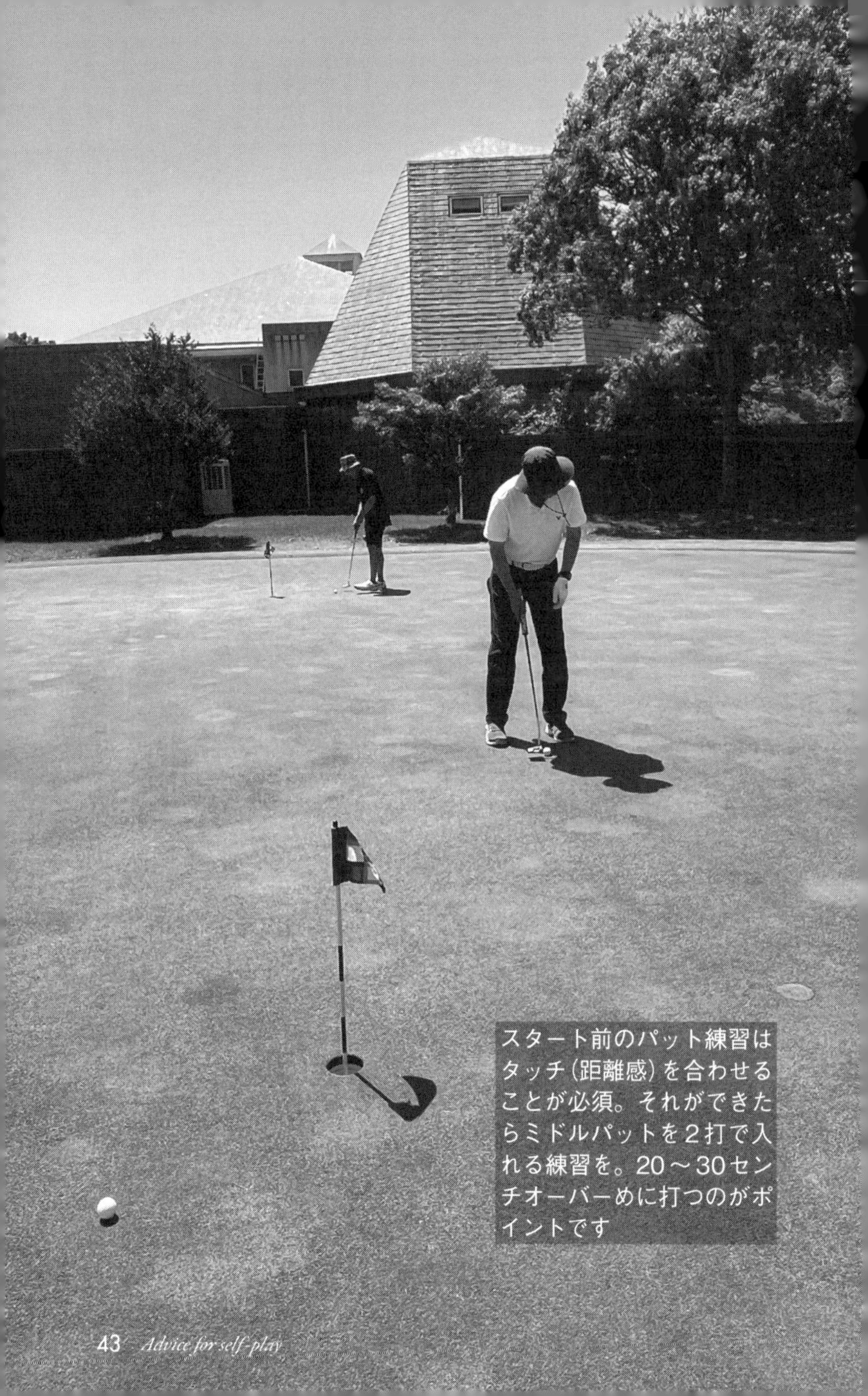

スタート前のパット練習はタッチ（距離感）を合わせることが必須。それができたらミドルパットを2打で入れる練習を。20～30センチオーバーめに打つのがポイントです

ったところからボールまでの距離を歩測します。それが仮に20歩だとしたら、気持ち良く打ったらその距離ということなので、それを基準に距離をコントロールしてみます。たとえばその半分の距離を打てるかどうか試すなどして、いろいろな距離を打つわけです。

距離感が出てきたら5メートルくらいのミドルパットを20～30センチオーバーさせるように打ちます。入れにいく必要はありませんが、入れにいったほうが距離感が合うならその限りではありません。プロでもカップインする確率が低いのがミドルパットですから2パットで入れれば十分。そのための練習だと考えてやると必ず実戦で役立ちます。

そこまでじっくりやる時間がなければ、その日のパットがショート傾向かオーバー傾向かだけでもハッキリさせておきましょう。ショート傾向なら本来の目標より先に、オーバー傾向なら同手前に自分なりの目標を設定し、そこに止まるように打つ。プロ曰く「前のホールでショートしたから次のホールでは強く打つ、といったように、毎回強さを変えて打つといつまでもタッチが合わない」ということ。その点、設定目標を変えればタッチは変わらないので、そうしているうちにタッチが合ってくるということです。

カップに入れる練習をするなら、ティイングエリアに向かう最後のタイミングで、絶対に入る距離を打つのがいいと思います。これも入れる練習というよりはカップに入るイメージをもってスタートするためです。

第2章

OBなしで確実に2打目が打てるセルフプレーのティショット術

Important things when playing golf by yourself

いつも同じルーティンで朝イチショットへ
ミスしても絶対にスイングのせいにしない

朝イチのティショットは何回ラウンドしても慣れることがなく、毎回ドキドキするものです。素振りをしたり、深呼吸をしたりと、いろいろな策を講じている人も多いと思いますが効果はあるでしょうか？

私もラウンドするときは、それなりに対策をとっていますが、ティアップした途端にすべてがフッ飛んで、正直あまり効果はありません。

毎回緊張することについてはプロも同じで、若手はもちろん、場数を踏んだベテラン選手でもかなりドキドキするそうです。でも、逆に緩みっぱなしではダメなので、適度な緊張感を保って臨んでいるようです。

それができるコツは、ここまでお話ししてきたことと関連があります。すなわち、**いつも同じルーティンで朝イチのティショットを迎えていること**です。

人によってやることや順番は違いますが、コース入りして食事、ストレッチ、練習してスタートといった一連の流れや所要時間をいつも同じようにしている。日常の一部のようにパターン化しているのです。

もうひとつのポイントは、自分に過度な期待をかけないこと。

多かれ少なかれ絶対に緊張しているわけですから100%のパフォーマンスなどできるはずがありません。プロはそれを承知していて「ティショットは2打目が打てる地点にあればいい」くらいの気持ちで朝イチのショットを打っています。

もちろんミスすることもありますが、そんなときはスイングのせいだとは考えないのがポイントです。

アマチュアの方は、ともすると打つやいなや「ダウンスイングが早かった！」とか「ヘッドアップした！」など、まるでそうしなければいけないかのごとくスイングについてエクスキューズを入れます。でも、そんなことは誰も聞いておらず気にもしていません。何せみんな、自分のことで精一杯ですから。

仮に口にしたことが原因でミスになったとしてもラウンドでは直りません。プロでもラウンド中はスイングの修正がきかないのですから、アマチュアゴルファーに直せるはずがないのです。

これは朝イチに限ったことではありません。ラウンド中に何かが起こったときには、スイングのせいにしてはいけません。プロでもいろいろなことが起こりますが、たとえそれがスイングのせいでも、キャディはプロがそう考えないようにもっていきます。そうすることで結果が良くなってくることを、これまで何度も経験しているからです。

ティショットのトラブルが多ければ「ここなら打てる」と確信できるところに打つ

ティショットに限らず、ショットを打つ前にはやっておくべきことがいくつかあります。まずは**打ちたいエリアを決めること。**細かい決め方については後述しますが、プロの場合、広めに設定する選手もいれば、ピンポイントで設定する選手もいます。ティショットは打てる範囲がもっとも広いショットなので、アマチュアの方は広めに設定したほうがプレッシャーがかからないと思います。

次に**風を読みつつ球筋をイメージ**します。強いフォローならドライバーは要らないかもしれません。また、持ち球によっては風にぶつけたり、風に乗せたりする人もいるでしょう。いずれにしても、このイメージができてはじめて使用クラブやティアップする場所、ティアップの高さなどが決まります。

私は常々、プロは安全運転、アマチュアはチャレンジャーだと感じていますが、その最たるものがティショットだと思います。何だかんだいっても、**プロは安全な場所を探し、そのエリアを狙って打っている**からです。

たとえば、右サイドがOBなら左サイド、左サイドがOBなら右サイド。距離的に確実に越せればハザード越えでいきますが、そうでなければハザードのあるサイドには打ちません。左右両サイドがともにOBで、なおかつ落とし所も狭ければ、間違いなくそこまで届かないクラブで刻みます。

考え方としては、とにかく**逃げ場を見つけること。**ティショットのトラブルが多い人はこれを見習い、「ここなら安全で自分も打てる」と確信できるところに打ちましょう。

とはいえ、そう考えたところで打ってはいけないほうに行ってしまうのが我々アマチュアの常。結果を予見できないのがアマチュアたる所以ですが、スコアにこだわるなら、それでも逃げることに徹したほうがいいと私は思います。つまり、**どちらに飛ぶかわからなければ、危険なエリアまで届かないクラブで打つべき**なのです。

プロは落とし所が狭ければ、そこまで届かないクラブで打つと記しましたが、考えてみればそれと同じことをやるにすぎません。視野を広げた結果、安全なエリアがたまたま手前だっただけです。

それに、一般アマチュアの方がよくプレーするコースには300ヤード台のパー4が多い。仮にトータル350ヤードで、ティイングエリアから200ヤード先の左右にバンカーがあったとすれば、ティショットでドライバーを使わなくても2オンできる可能性はあります。ボギーオンとなれば成功率はかなり高くなりますから、あえてリスクを冒す必要などないのです。

ティショットを打つ前には必ず次の一打をどこからどう打つかを考える

参考までに、プロがティショットを打つときの手順を紹介しましょう。

まずはティィングエリアに立ち、ホール全体を眺めてから風向きや強さ、ハザードの位置をチェック。その日の飛距離と打ちたい弾道をイメージしつつ、ボールの落とし場所にあたりをつけます。

落とし所については、必ず2打目を考えて決めます。すなわち、2打目でグリーンを狙いやすいところを目標にするわけですが、その際、ピンポジションも考慮して2打目にどれくらいの距離を残すか、言い換えるとグリーンまで何ヤード地点まで運ぶかを考えます。

使用クラブを決めるのはそれから。距離の長いパー4で自信をもって落とし所に運べれば迷わずドライバーだと思いますが、短めのパー4で、設定した落とし所に運ぶと2打目に得意でない半端な距離が残る、あるいはピンポジションが難しい場合にはドライバーを使わないこともあります。

たとえば、ドライバーだとピンまで残り70ヤードまで運べるとします。アマチュア目線だと2打目が短くていいように思えますが、プレーヤーによっては難しい距離だったりします。また、残り70ヤードに運んでも、ピンの位置が手前だと寄りません。バンカー越えともなればバンカーに入ることもあり得ます。

リスクを負うくらいならウエッジでフルスイングできる距離を残したほうがいい。そう判断してグリーンまで残り100ヤード地点に運ぶクラブでティショットを打つ。そうやってバーディを取れる確率を上げるわけです。

ホールによっては、飛びすぎると木がスタイミーになったり、落とし所によって池越えやバンカー越えになったりするなど、2打目でグリーンを狙いにくくなることもよくあります。こう見てくるとゴルフは、ティショットは2打目のため、2打目は3打目のため、3打目は4打目のため、ということの連続。いついかなるときでも、次の一打をどこからどう打つかを考えて進めなければいけないゲームだということがわかると思います。

2打目を考えて打つのが
ティショット成功のコツ

本番ではちょっと物足りないくらいのスイングでちょうどいい

アマチュアの方を見て思うのは、せっかくマネジメントをしているにもかかわらず、自らそれを否定するようなプレーをしてしまうこと。考えていることと、やっていることが連動していないのです。

ティショットでもよくあります。たとえば、危険なＯＢエリアやハザードを避けたり、そこまで届かないクラブを選択しているのにマン振りしてしまう。ティショットでは距離を稼がないといけない、という思いが抜けきっていないせいなのか、多少ミスしてもいい前提の戦略をとっているのに、振りすぎることでそれをふいにしてしまうのです。

ティショットに限らず、プロは試合でマン振りすることはほぼありません。男子のツアープロがドライバーでマン振りしたら、みんな３００ヤード前後は飛ぶと思いますが、ツアーのアベレージはそれにははるかに及びません。それはいつも７〜８割のスイングで臨んでいるからに他ならないのです。

アマチュアゴルファーの場合、マン振りすると１００％以上のスイングになってしまいます。プロがやっているように８割程度のスイングをしたほうが、芯に当たりやすくなっ

アマチュアゴルファーは振りすぎ。プロのスイングは7～8割がメインです

てうまくいく確率が上がります。「本番ではちょっと物足りないくらいのスイングでちょうどいい」とプロはいいますが、アマチュアの方も同じではないでしょうか。

プロがショットをコントロールするときにやるように、スタンスを狭めて小さく構える、クラブを短く持ってボールの近くに立つ、といったことを真似て、マン振りできないセットアップでスイングするのもひとつの手だと思います。

朝イチはなるべく静かにスタート
3ホールくらいはアイドリングでOK

朝イチのティショットで大きなミスが出ると、その日一日が終わってしまったかのような気持ちになる人がいますが、当然ながらそこまでのことではありません。18ホールあるうちの1ホール、しかもたった1打なのですから落胆するなどナンセンスです。

とはいえ、大ケガをしないに越したことはありません。その方策（ティショット対策）についてはすでにお話しした通りですが、スタートホールのプレーに対する考え方も必要かと思います。

行儀の悪い言い方ですが「おはようバーディ、くそバーディ！」などというプロがいます。朝イチでバーディがくるとロクなことがない、という一種のジンクスです。

もちろん、実際にはそんなことはありません。それなのに、なぜこんなことをいうのかというと、朝イチはなるべく静かにスタートしたいから。ボギーやダボはいわずもがなですが、バーディやイーグルもメンタル的に落ち着かず気持ちが悪いのです。

プロにとってスタートから2～3ホールは情報収集の場であり、コースコンディションと自分の調子を擦り合わせ、その日のラウンドの組み立て方を思案する場でもあります。

チップインでもしようものならパットの情報が得られない、といったように痛し痒しのところがあるらしいのです。

ともあれ、鼻息荒くスタートすると、たったひとつのミスで大きなショックを受けます。かといって力が抜けすぎてもミスは出やすい。いずれにしても身の丈に合った、あるいはちょっと余裕のあるスコアを目標にプレーするといいと思います。

いわば**スタートから3ホールくらいはアイドリングでいい。**その間にミスの傾向や飛距離を自分なりに分析し、どのようにゲームを運んでいくかを考える。こうすることで、気がついたら、何もできずにハーフが終わっていた、といったことになるのを防げます。

朝イチは車でいえばアイドリング。穏やかなスタートを心がけましょう

ティイングエリアは真っ平らではなくフェアウェイ方向を向いていないことも多い

ティショットがうまくいかないと悩むアマチュアの方が多いですが、考えてもみてください。ティショットはすべてのショットの中でもっともいいライから打てます。おまけに決められた範囲内であれば、好きなところから打てます。つまり、他のショットより、はるかに好条件下で打てるわけで、そのぶんミスの確率は低くなければおかしいのです。とはいっても技術的なことは私にはわからないので、ティイングエリアをどう使うか、プロはどう使っているかを紹介したいと思います。

まずはティイングエリアの作りについてですが、一見したところ平らですが、必ずしもそうではありません。真っ平らでは水はけが悪いので、必然的に端に近いほど下っていいます。

ホールによっては左足上がりの傾斜がついていることもあります。ボールが上がりやすいように配慮したという説もありますが定かではありません。

若干ツマ先上がりになっているところもたまにあります。微妙な傾斜まで入れるとキリがないですが、いずれにしてもティアップする場所と足場がなるべく平らなポジションを選んでティアップしましょう。

中には芝が剥げていたり、ディボット跡があってデコボコなティイングエリアがあったりするかもしれません。そんなときにはエリアを広く見て、後方にティアップすることも考えましょう。ティマーカーの幅内および、その後方2クラブレングス以内であればティアップできます。その程度下がったところで飛距離には影響ありませんから。

それでもデコボコなら足場を優先します。きれいなところにティアップして足場が窪んでいると、わずかながらも前上がりになりますが、足場が平らならティアップの高さを変えればフラットにできます。足場のデコボコはミスの元。特にパー3のティイングエリアにはディボット跡がたくさんできていることがあるので要注意です。

ティイングエリアの向きにも注意が必要です。いわゆる〝デベソ〟にならないようにと、2つのティマーカーを結んだラインだけを気にして、ホールを見渡すことなくティアップする人がいますが、2つのティマーカーを結ぶラインに対して直角方向にホール自体やフェアウェイが展開しているとは限りません。ティイングエリア自体がフェアウェイを向いていないこともよくあります。

特に前方にあるシニアティやレディスティは、ホールの左右に作られていることが多くあります。その場合、ティイングエリアの向きに合わせて立ってもフェアウェイには向けないので気をつけてください。

ティショットを成功に導くティイングエリアの使い方

ＯＢがあるホールのティショットでは、誰もがＯＢは避けたいと思うはずです。もちろんプロも同じです。でも、プロがＯＢを打つ確率はすごく低い。「技術が違うから」だと思いますよね。でも、それだけではありません。プロとアマチュアの違いは対策をとっているかいないか。技術があるプロでもちゃんと対策をとっています。

とはいえ難しいことをしているわけではありません。

たとえば左サイドにＯＢが迫っていたりハザードがある状況では、それが死角になるところにアドレスする。やや右向き加減に構えると必然的に左方向の視野は狭くなるので、それを利用するわけです。

アマチュアの方の場合、普通に当たれば絶対に入らない距離にある池や林も気になりますが、それらのある側にアドレスすることで視界の外に追いやることができるわけです。持ち球があれば、立ち位置と向きで回避することもできます。フェード系の人は右サイドのＯＢが脅威ですが、右のティマーカー寄りにティアップし、左を向いてアドレスすると、左サイドが広く見えて右サイドの景色が遮断されるので、その方向に打ち出せば右

ホールを見渡してどこに打つのが安全かを見てから球筋をイメージ、使用クラブを決めます

左の林に
入れたくない！
フッカーは左からフック
スライサーは右からスライス

OBを避けられます。逆にドロー系の人は左サイドのOBが脅威ですが、こちらは左のティマーカー寄りにティアップして右を向いてアドレスし、その方向に打ち出せばいいのです。双方ともホールを広く使えます。（59ページ写真）

ティマークの真ん中に漫然とティアップしない

アマチュアの方の場合は持ち球がはっきりしていないかもしれませんが、左右どちらに飛びやすいかの傾向はあると思います。それを考慮して、右サイドが怖ければシンプルにティイングエリアの左サイド（左のティマーカー寄り）、左サイドが怖ければ右サイド（右のティマーカー寄り・左ページ写真）から真っすぐな方向を向いて打ってもいいと思います。

大事なのは漫然とティアップ&アドレスしないこと。

アマチュアの方とラウンドをご一緒していると、大半の方は何も考えずに2つのティマークの真ん中にティアップして真ん中を狙って打ちます。それでいいときもありますが、前述したようにティショットは好きなところから打てます。

せっかく与えられている権利、ちょっと気を使うだけでティショットを成功に導けるのですから、一工夫したほうがお得です。

ティアップする場所によってホールを広く使える。漫然と真ん中から打つのはNGです

この場合、右から左へスライスを打つとフェアウェイを広く使えます

打ち上げは普通に打てばOK 打ち下ろしは打球を上げないのがポイント

ゴルフ場には、ティショットが打ち上げになるホールや打ち下ろしになるホールがありますが、ともにアマチュアの方がミスしやすいシチュエーションです。

打ち上げホールでは、ティイングエリアに立つと圧迫感を覚えることがあるかもしれませんが、せいぜい数メートル打ち上げる程度で10メートルも打ち上げることはほぼありません。

そこでみなさんがドライバーを打つことを想像してみてください。数メートルの高さであれば、簡単に越していける球が打てると思います。よほどトップでもしない限り、ボールは上がって普通にクリアできるのです。

ところがアマチュアの方の多くは、私がはたから見てもわかるくらい、自分でボールを上げにいくスタイルで打っています。

確かにプロは、いつもより高いボールが出るように打つことがあります。でも、スイング自体は変わりません。何が変わっているかといえば目線。アドレスで目線をやや上に向けるだけで高い球を打っている。つまり、セットアップをわずかに変えるだけで高い球を

打ち上げ

打ち上げのティショットはボールを上げようとして目線が上がりがちです。目線はフラットでOK。普通に打てばボールは上がって丘を越えていきます

打っているわけです。

ただ、そうしているプロの大半は無意識にそうなっているだけで、本人は普通にスイングしているといいます。プロのように目線を上げて打てればそうしてもいいですが、普通に打ってもOKならリスクを背負う必要はありません。あえて目線を上げず、上り傾斜にぶつけるくらいのつもりで打ったほうがいい結果になります。

これに対し、打ち下ろしのホールは打っていく方向がひらけていて気持ち良くスイングできるシチュエーションが多いと思います。

そこで気をつけなければならないのは風。遮蔽物がないので風の影響をもろに受けるのです。打球が高く上がるとボールは風の餌食になりますから、プロは絶対に高い球は打ちません。普通に打つか、風の強さによっては低い球を打つこともあります。

ティアップをやや低めにして、目線はレベルか、それより下に向けて滞空時間を抑えたボールを打ちます。少しでも早くボールを着弾させるのがポイントというわけです。

豪快に振りたくなる気持ちはわかりますが、振るほど打球のスピン量が増えてボールが上がりやすくなる。私も含めてアマチュアゴルファーはカット軌道の方が多いので、そうなると右に曲がるリスクも増えます。左から風がきていようものならアウトです。

また、打ち下ろしが急すぎて、落とし所がまったく見えないホールがありますが、そんなときは空中にターゲットを想定し、そこを射るつもりで打つといいそうです。

打ち下ろし

打ち下ろしは早くボールを着弾させること。アドレスする場所によって打ちたくないエリアを死角にすることができます

ここに立ってフェアウェイを向けば、左サイドのOBゾーンは視野から外れます

「ミスしても遠いサイドのコーナー」がドッグレッグ攻略のポイント

今は昔、ドッグレッグのホールでプロはコースなりに曲がるボールを打っていました。クラブが進化した昨今では、このようなシーンは滅多になく、ショートカットするか、多少距離を残しても次打でグリーンを狙えるポジションに刻むかです。

ショートカットする場合、コーナーまでの距離が長いほど、また、打つ方向に高い樹木があるほど難しくなります。この2つが共存していたらプロもショートカットしません。

ホールの作りによって多少の違いはありますが、ベストポジションはグリーン方向に打てるフェアウェイ。セミラフでもいいでしょう。

打ってはいけないエリアはOB、ハザード、林、深いラフの順。ここまではドッグレッグ以外のホールも同じですが、ドッグレッグの場合は、近いサイドのコーナーがさらに加わります。右ドッグなら右、左ドッグなら左コーナーですが、ここに打ってしまうと高い確率でレイアップすることになる。ボールのライが良くても、バンカーや林、深いラフに入ったときと同じ対応しかできません。

コーナーに外すなら、距離が残っても遠いサイドのコーナー、右ドッグなら左、左ドッグなら右サイドのコーナーのほうが、次打でグリーン方向に打てる確率が上がります。

ということで、**ミスした場合でも、遠いサイドのコーナーにボールが行くマネジメントが必要。**右ドッグなら右、左ドッグなら左サイドはOBくらいの気持ちで臨みましょう。

いずれにしてもショートカットは一か八かの戦法です。リスクを冒してトラブルになるより、多少距離を残しても2打目が打ちやすいところへ運んだほうがスコアはまとまります。距離を欲張らないことがドッグレッグホール攻略のポイントです。

ミスした場合に外側のコーナーにボールが行くようにするのがドッグレッグの攻略の基本です

パー3のティショットはグリーンセンター狙いが王道中の王道

アマチュアの方のほとんどは、パー3はパーがとりやすいチャンスホールと考えていると思います。ワンオンすれば2パットでパーですから、そのような発想になるのもわかります。

でもプロは逆で、パー3をチャンスホールとは考えておらず、慎重に慎重を期して臨みます。なぜなら、グリーン周りやグリーンが難しく作られているからです。

トーナメントを見ていると、プロは難なくワンオンさせていますが、ピンに絡むショットは圧倒的に少ない。ピン絡みは映えますからTVなどで繰り返し流されているだけで、そもそもは少なく、そのうちプロが狙ってピンに絡んだショットはさらに少ないのが現実です。実際のところ積極的にピンを狙っていくのは、最終日の最終組に近いところで回ったり、一気にスコアを伸ばしている好調なプレーヤー数人だけなのです。

プロが難なくワンオンできるのはピンデッドに打っていないからです。グリーンは奥行き、幅ともにそれぞれ平均して30ヤードほどあります。ホールヤーデージが長いほど難しくなりますが、プロなら真ん中を狙えば大抵は乗せてきます。

パー３はグリーン周りやグリーンが難しくできているのでグリーンセンターを狙うのが基本です

グリーンセンターに乗ればロングパットにならない

プロでさえピンを狙わないのですから、アマチュアゴルファーは安全第一に徹するべき。グリーンセンターを狙ったところで、必ずしも乗るわけではないのでなおさらです。「だったらピンを狙っても同じじゃないの」と思うかもしれません。確かにマッチプレーのように、ホールごとに決着がつくゲームならそれでもいいでしょう。でも、1打でも少ないストロークで上がりたいなら賢い攻め方とはいえません。

たとえば、グリーンの手前側にピンがあり、その手前に池があったらどうでしょう。誰もがピンは狙わずセンターに打ちますよね。また、グリーンの端に立ったピンを狙ってピンに近いサイドにグリーンを外した場合、必ずアプローチが難しくなります。そうならず、ピンから遠いサイドに行ってグリーンに止まったとしても次はロングパットになります。

グリーンセンターを狙っても、ミスして同じようになる可能性はゼロではありませんが、乗る確率も、難しいサイドに外れない確率も上がります。

また、狙い通りセンター付近に乗れば、グリーンの端から端まで打つようなロングパットは残りませんし、ピンの方向に寄っていく可能性もあります。実際のところ、プロでもかなりの確率で、そうやって打ったショットがピンに寄っているのです。

グリーンセンターを狙うとしても、打つ前の情報収集は欠かせません。落とし場所を決

グリーンを外した途端にトラブルになるホールもありますが、その場合もグリーンセンターがもっとも安全なエリアになります

めたら風を読む。ショートアイアン以下のクラブで打つと球が上がるため、上空の風の影響を強く受けます。風を体で感じたり、ピンフラッグを見るだけでなく、高い木のそよぎ方や、雲の動きを見てボールの通り道の風を読みましょう。

それができたらクラブ選択。このとき、打ち上げか、打ち下ろしかの確認も忘れずに。前者なら大きめ、後者なら小さめの番手選択が必要です。(76ページ参照)

短めのパー3では大胆な風対策が必要

番手選択においてアマチュアの方の一番の弱点は、風への対処が不十分なことです。アゲンストでもフォローでも1~2番手上げ下げするのがせいぜいなので、自分から制限をかけないようにするべきです。特にショートアイアン以下のクラブで打つ短めのパー3では思い切った風対策が必要。ボールは高く上がるほど、もろに風の影響を受けるからです。アマチュアゴルファーの場合、ティアップして打つと余計に球が上がります。風に押し戻されると真上から着弾する格好になるので、砂質の柔らかいバンカーに落ちると目玉になるリスクが高まります。

ちょっとレベルの高い話になりますが、プロはピンポジションによって番手を替えることがあります。

たとえばグリーンの右端にあるピンを狙う場合、右に外すとショートサイドからの難し

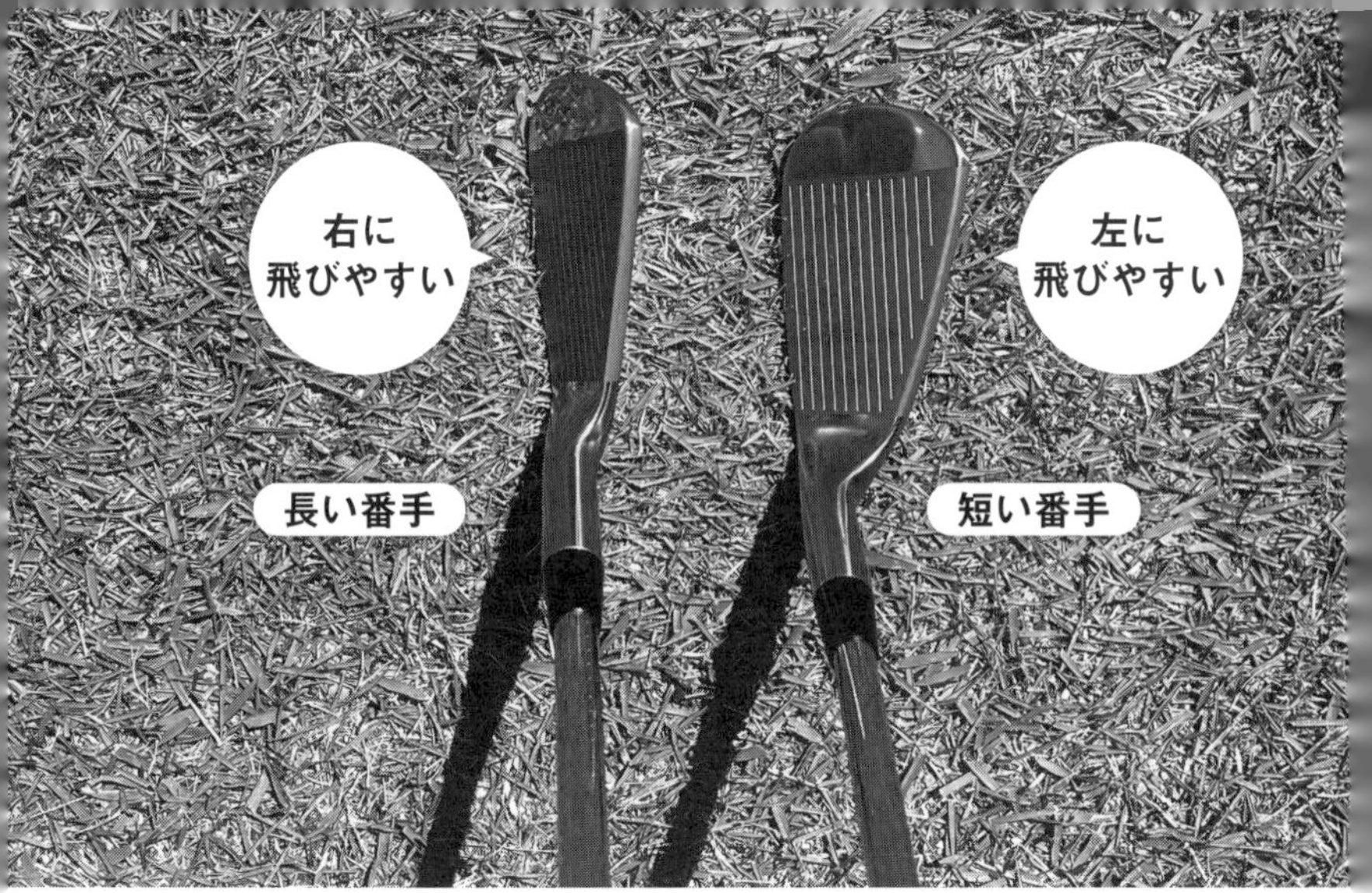

フルスイングした場合、長い番手は右、短い番手は左に飛びやすい。特にアイアンはそうなのでピン位置を考えて狙い目と番手を決めましょう

いアプローチが残るので、**ボールがつかまりやすい短めの番手でしっかり打ちます。**万が一つかまりすぎても、ボールは左に行きますからグリーンは外しづらい。外しても難しいアプローチにはなりません。

逆に**ピンが左端にある場合には、長めの番手で軽く打ちます。**ロフトが立ったクラブはボールがつかまりづらいのでピンを狙っても左には飛びづらく、右に曲がってもグリーンに残る可能性が高い。長めのパー3では難しいですが、ミドルアイアン以下で打てるホールだとよく見る戦略です。

前述したように、ティショットは打つ場所を自分で決めることができますから、持ち球や風向きを考慮して立ち位置や向き、ティアップの高さなどにも気を配って打ちやすいようにマネジメントしましょう。

ディボット跡の後端にティアップするとクラブの抜けが良くなる

パー3のティイングエリアには、ディボット跡がたくさんあったりします。プロの試合会場では特に顕著で、同じような場所にできています。その位置から打つと狙いやすいことをみんなが知っているため、そうなるわけです。

我々アマチュアがラウンドする場合も、同じような場所でディボット跡があれば、そのあたりから打つと狙いやすいと考えられるので、ティアップするときの参考になります。

ティイングエリアの芝がコーライの場合、順目や逆目のことがあります。順目ならクラブが抜けやすいのですが、逆目だと抜けにくくなります。

ティアップするとはいえ、アイアンでダウンブローに打った場合、逆目だとボールの先で芝の抵抗を受けることになります。ターフを多めに取ったら引っかかるかもしれません。

もちろん、影響を受けないきれいなところにティアップできればいいですが、打ちたいところにディボット跡がたくさんあるとそうはいきません。

そんなときプロは、取れているターフの後端にティアップします。こうするとヘッドが抜ける方向がわずかに窪んでいますから、ダウンブローに入っても抵抗がありません。これはティイングエリアがやや左足上がりになっているケースでも有効。ターフを取った跡がないときには、ティアップを高めにすることで抵抗を軽減できます。

ディボット跡にティアップを余儀なくされた場合は、ボールの前側にディボットやディボット跡がくるようにしましょう

パー3の打ち上げ、打ち下ろしその注意点と番手選びのポイント

打ち上げ、打ち下ろしのティショットの考え方については62ページで紹介しましたが、同じ打ち上げ、打ち下ろしでも、パー3のティショットではグリーンという明確なターゲットがあって、あわよくばグリーンに乗せたい。そうなるとパー4やパー5にはない、押さえておかなければいけないポイントがあるのでお伝えします。

まず打ち上げですが、同じ高さに位置するグリーンに打つよりボールの着弾が早くなります。当該距離の番手で打った場合、狙っているポイントまで届かないので、番手を上げなければなりません。

一般的には10ヤードの打ち上げで1番手上げるといわれていますが、これはひとつの目安。なぜなら、番手によってランの出方が変わるからです。

ご承知のように、ランは長い番手ほど出て、短くなるほど出なくなります。したがって距離が長めの打ち上げで番手を上げすぎると、ランが出すぎてオーバーする可能性があります。

ただ、昨今はユーティリティやショートウッドの進化が目ざましく、かつてのロングア

打ち上げでは番手を上げ、打ち下ろしでは番手を下げる。使用クラブや風によっては２番手以上替わることもあります

イアンに代わる存在になっています。ロングアイアンの弾道は低いライナー性で止まりませんが、ユーティリティやショートウッド、あるいは飛び系と呼ばれるアイアンでは比較的高い球が打てますから、こういったクラブであれば転がりすぎる心配は半減します。

逆に9番アイアンやピッチングウエッジなど、ボールが上がりやすい番手で打つとランはあまり出ないので、2番手上げるような状況があるかもしれません。

いずれにしても、打ち上げはグリーン面がよく見えず、まったく見えないホールも珍しくありませんので、バンカーの位置やそこまでの距離などブラインドになっているグリーン周辺の状況、あるいはグリーンの傾斜など、できるだけ情報を集めてから戦略を決めましょう。

一方、打ち下ろしですが、こちらは着弾地点が先になるので番手を下げます。10ヤードごとに1番手下げるといわれますが、これも目安です。

打ち下ろしの度合いにもよりますが、長めの番手でもボールの落下角度が多少大きくなりますから、打ち上げほどランが出ません。短い番手も同様ですが、真上に近い位置から落下するのでグリーンが軟らかいとランが出ない可能性もあります。

打ち下ろしで**気をつけなければならないのは風。**多くの場合、ボールは風の通り道のような抜けのいいエリアに打ち出されます。たとえばアゲンスト下でショートアイアンやウエッジなどを使ったら、滞空時間が長いのでとんでもなく押し戻されます。もちろん、フォローや横からの風も同様なので、どこに向かってどんな球を打つかがカギになります。

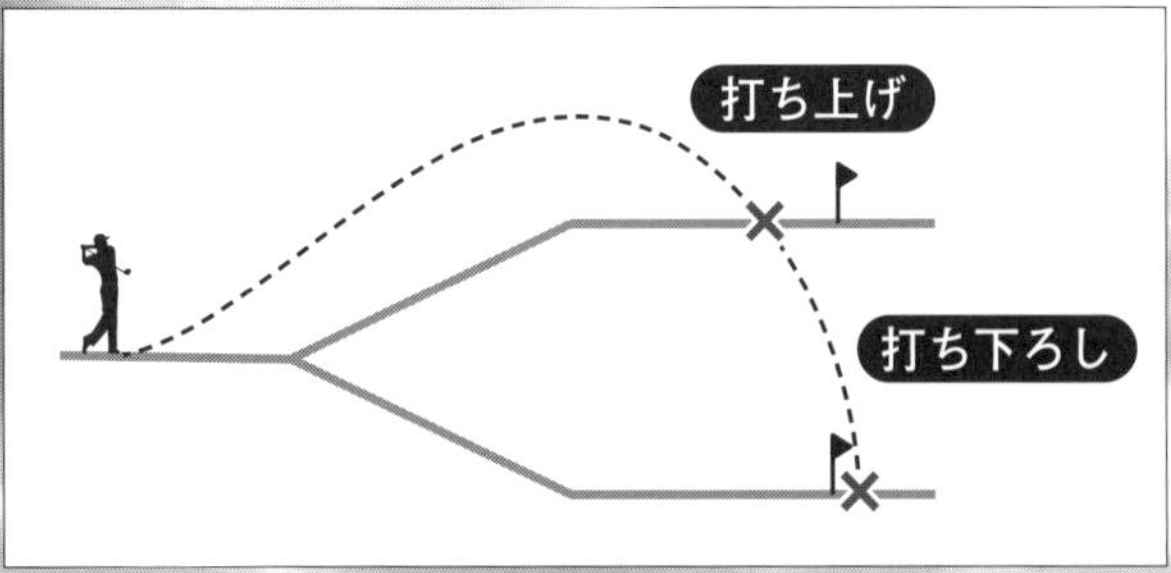

打ち上げでは本来の下降線の途中で着弾するためショートめ、打ち下ろしではフラットな状況より着弾点が先になってオーバーめになります。前者で番手を上げ、後者で下げるのはこのためです

詰まったときこそスコアアップのチャンス冷静になるといろいろなものが見えてくる

ラウンドしていると途中で渋滞が発生して待つことがあります。もっぱらティイングエリアでそうなることが多いですが、とかく待たされるとイライラするもの。そこまでいい流れできていたならなおさらでしょう。

こんなときは仕方ないと諦めて、心に波風を立てないようやり過ごすしかありませんが、努めてそうするのも大変なもの。景色を見たり、仲間との会話を楽しんだりして気を紛らわしている人が多いのではないでしょうか。

でも、それではもったいない。スコアアップを目論んでいるなら、詰まったときこそスコアを伸ばすチャンス。冷静になると、いろいろなものが見えてきます。

たとえば、よく遭遇するパー3での待ち時間。前の組のプレーに注目してみましょう。うまく打ったように見えたアプローチが思いのほか転がって、カップをオーバーしていないでしょうか？　グリーン奥から打ったパットがショートしていないでしょうか？　プレーヤーがカップに近づいてから時間を費やしていないでしょうか？

アプローチが予想以上にオーバーしたなら、そのサイドに外した場合に突っ込めないこ

詰まったときは前の組のプレーを観察しましょう。パー４やパー５で、前進ティから打っている人がいたら、OBまで浅いかもしれないなどといった予測ができます。もちろん風の状況などもゆっくり読めます

距離の短いパー３ならグリーンのラインまで見える可能性があります

とがわかります。グリーン奥からショートしているなら、奥からはそれほど下っていないのかもしれません。カップに近づいてから時間を食っているならカップ周りで切れることが想像できます。距離が短いにもかかわらず、みんながみんなショートしていたら、上空ではティイングエリアで感じないアゲンストの風が吹いているのかもしれません。グリーンまで距離がなく、グリーン面が見えるならパットのラインまで確認できるのです。

パー4やパー5になると、そこまで詳細なことはわかりませんが、4人のうち2人が前進4打でプレーしていたらOBが出やすいホールかもしれない。ラフからのショットに苦労していたら、かなりヘビーなラフであることが想像できるのです。

もちろん、単純にスロープレーで進行が遅れていることもありますが、それとて見ればわかること。参考になるプレーは必ずあるものです。

こういった見方ができれば、無理矢理やることを見つけてイライラを解消する必要はありません。目で見て得た情報を分析して、どうやって攻略するかを考えていれば、むしろ時間が足りないくらいになります。まあ、あまり考えすぎると逆に迷いを招くのでほどほどでいいと思いますが……。

いずれにしてもイライラして自滅することはなくなり、大きなアドバンテージを得ることができます。もちろん、暑いときには水分補給をする、寒ければ体が冷えきらないようウォームアップすることもお忘れなく。

第3章

ノートラブルでグリーンへ ジェネラルエリアのセルフプレー

Important things when playing golf by yourself

同伴プレーヤーの打球は必ず誰かが見ているようにする

言うまでもなくセルフプレーでは全員がプレーヤーです。キャディ付きと違って傍観者がいませんから、お互いが傍観者になりスムーズな進行を心がける必要があります。その意味では全員がキャディともいえるでしょう。

プロのトーナメントをはじめとする、いわゆる競技ゴルフでは、同伴競技者が必ず他のプレーヤーのマーカーになり、マーカーのスコアをつけることを義務付けられています。

セルフプレーに競技のような厳格さは必要ありませんが、他のプレーヤーが打ったボールの行方は、必ず誰かが見ているようにしましょう。

マーカーのように決めてしまうと2打目以降が大変になりますから、近くにいるプレーヤーが見る、あるいはカートからでもいいので、先に打ったプレーヤーが見てあげるようにしてください。

特にビギナーは打球がどこに飛ぶかわかりません。それだけに本人も不安なはずです。だからといって逐一ついてあげるのもお互い鬱陶《うっとう》しいでしょうし、それはそれで進行を遅らせることにもなりかねないので、一緒にラウンドするメンバー全員が協力してケアして

同伴プレーヤーの打球を見ておくと自分のプレーにも役立つことがあります

あげたいところです。

また、どのショットでも危ういところ、たとえばOBエリア付近やロストボールになりそうなエリアに打ってしまった場合には、必ず暫定球を打っておきましょう。その際も誰かが見ていれば、暫定球を打ったほうがいいかどうか判断することができます。

時には打ったボールが見つからないこともあるでしょう。そんなときは近場にいるプレーヤーが一緒に探しますが、ルール上、捜索時間は3分以内が基本。自分のボールかを確認するためなど、合理的な理由がある場合に限ってプラス1分の猶予が許されています。

時間の判断は第三者がしてもいいですが「それまで！」とはなかなかいえないでしょうから、ルール上の時間を念頭に、当事者が自ら捜索打ち切りの断を下すようにしましょう。

どこに打ってもなるべく早くボールのところに行くのがセルフの鉄則

ティショットを打ったあとは「ヨーイ、ドン！」という感じで、プレーヤーがそれぞれのボールを目がけて動き出します。

カートを使うセルフプレーでは、カートを止めたところからもそうなることが多いと思いますが、ボールの行方によってはカートを使わないほうが早いケースもあります。カートは使わなければいけない、というものではありません。いずれにしても、なるべく早くボールのところに行くことが鉄則です。

なぜなら、体と心を落ち着かせた状態でショットを打ちたいから。ティショットを打った場所によってはボールが見つけづらいこともありますが、落下地点に早く行けば探す時間がとれます。すぐに見つかれば次打をどうするか落ち着いて考えられるでしょう。

時にはボールが見つかったらすぐに打たなければならないことがあるかもしれません。そんなときでも深呼吸するなど、必ず一呼吸おいてショットに臨むようにしましょう。慌てて打つと間違いなくリズムが早くなり、ミスがミスを呼ぶ悪循環を招きます。最低でも自分のプレショットルーティンを踏んでからスイングしましょう。

カートでも歩きでもOK。なるべく早くボールのところに移動し、考える時間を十分にとることが大事です

2打目以降でクラブを3～4本持っていくのはセルフプレーのセオリー

セルフプレーでは、何もかも自分でやらなければなりません。やることがたくさんありますから、要領良く対処しないとプレーに割く時間がどんどん少なくなってしまいます。**2打目以降でクラブを3～4本持っていくのはセルフのセオリー。**ボールがフェアウェイにあっても複数本持っていくクセをつけましょう。

というのも、フェアウェイのボールでも沈んでいることがあるから。また、遠目には見えない小さなディボット跡に入っている可能性もあります。そういった状況でどんなクラブを使うかは個々に違うので何ともいえませんが、ライが悪いときによく使うクラブは必ず持っていきましょう。

林に入ってしまったときには、たとえばウエッジ、7番アイアン、フェアウェイウッド（もしくはユーティリティ）といったように、**ロフトにギャップのあるクラブを数本持っていきます。**出すだけだからとウエッジなど短い番手だけ持っていく人がいますが、林に入れた場合、ボールのところに行くまでどの方向に打てるかわかりません。短い番手だけだと、低い球しか打てない場合に対応できません。

２打目以降は番手間のロフトにギャップがあるクラブを３本以上持っていく。林に入ったときは必ずそうしてください

また、低い球でレイアップするときにアイアンを使い、ちゃんと打てたのに枝に当たった、といったこともよくあると思います。イメージより打球が上がるとこうなりますが、そもそもアマチュアゴルファーは、クラブごとにどれくらいの角度でボールが打ち出されるのかを把握していないのに加え、すくい打つ人も多いので余計に上がりやすいのです。状況にもよりますが、**低い球で枝の下を抜く場合には、球が上がりづらいフェアウェイウッドやユーティリティのほうが有効です。**短く持ってチョコンと当てるだけで飛びますし、ソールも広いのでダフりづらい。そもそも林は日陰で地面が軟らかかったり、木の葉の上にボールが乗っていたりするなどダフりやすいライが多いのです。

さらに林に入ったときには、脱出したあとに使いそうなクラブも持っていく必要があります。近くにレイアップしてから、再び次に使うクラブを取りにカートに戻らねばならなくなって非効率このうえありません。これは林に限らずバンカーや谷に落としてしまったときでも同じです。

今はこのようなときロスなく対応できるよう、ミニキャディバッグやセルフスタンドバッグと呼ばれる、クラブが数本入る小さいバッグもありますから、それを使うのもいいでしょう。ただし、グリーン上に持ち込んだり、カート後部のカゴに引っかけたためにカゴが破損する、といったトラブルも起こっているとのこと。使用を禁止しているゴルフ場もあるので、使う際には十分に注意を払ってください。

視野を広げて観察し、もっとも出しやすいルートを選ぶのが林から脱出するセオリー。グリーンを狙えることもあります

先に打ってもマナー違反じゃない 打てる準備ができた人から先に打つ

みなさんもご存じの通り、ゴルフでは最初にティショットを打つプレーヤーを「オナー」といいます。スタートホールのティショット以外は、前のホール、もしくはそれ以前のホールでもっともスコアが良かったプレーヤーがオナーになります。オナーとは名誉ある人を意味する英単語。いいスコアを讃える意味で与えられる権利です。

ティショットはオナーから打つことになっていますが、これは慣例的なものでルールではありません。マナーと考えている人もいますが、それも個人的な解釈のレベル。接待ゴルフなどでは気をつける必要があるのかもしれませんが、気のおけない仲間とのプレーでは厳格に守らなくてもいいと思います。

セルフプレーならなおさら。前の組との間隔が空いていたら準備ができた人から打てばいい、というより一人一人が率先してそうするべきです。

オナーに対して「セカンドオナー」という言葉もあります。日本でしか通じない和製ゴルフ英語で、2打目を最初に打つ人のことを指します。

2打目を最初に打つということは、ティショットが一番飛んでいないということ。飛ば

準備ができた人から打ってOKですが、2打目はグリーンまで一番距離がある人のボール位置に合わせてカートを止め、打ってから動きましょう

ないことを揶揄、あるいは自虐する表現です。

かつてのゴルフでは必ずセカンドオナーが存在しました。２打目以降は、基本的にホールから遠いプレーヤーから順に打つことが決められていたからです。

しかし、２０１９年のルール改正により、この取り決めが緩やかになりました。**プレーヤーに危険が及ばなければ、準備ができたプレーヤーから先に打ってもいいことになった**のです。

これはラウンドをスムーズに進行するうえで有益な変更なので、セルフプレーではどんどん取り入れましょう。もちろん周囲に気をつけて打つ、必要ならば「打ちます！」と一声かけてから打つのが前提です。

中にはルール改正が行われたことを知らない人もいると思うので、そんな人には教えてあげて互いにスムーズなラウンドを心がけましょう。

ゴルフは自然との闘い
風や季節によるボールの飛び方を知っておこう

2打目以降では番手選びがポイントのひとつになります。アマチュアの方のラウンドを見ていると、ほとんどのプレーヤーが「ピンまで150ヤードだから7番アイアン」というように、打つ距離だけで番手を決めていますが、これは大きな間違いで、距離の前に最低でも2つのことをチェックしなければなりません。

その2つとは風とボールのライです。

風についてはアゲンストなら番手を上げ、フォローなら下げます。横からの風なら、強さによっては打ち出す方向を変えなければならないこともあるでしょう。

私の経験上、明らかにショットに影響するのは3〜4メートルの風から。1〜2メートルでもゼロではありませんが、3〜4メートルだと強弱を繰り返し、風向きもわかりづらいので厄介。調べておいた風向きを参考に、木々や雲の動き、他のプレーヤーの打球を材料に判断するしかありません。

プロの場合、女子より男子のほうが風の影響を受けます。ヘッドスピードが速くてボールのスピン量が多いためボールが上がるからで、プレーヤーは風に敏感です。

アマチュアの方の場合はプロほど風に影響されませんが、基本的にジャッジが甘い傾向にあります。アゲンストでもフォローでも、せいぜい1番手上げ下げする程度。2番手、3番手と替える人はあまりいません。

たとえばアゲンストのときにショートアイアンで打つ場合、ボールが高く上がるので戻されやすいといったように、使う番手、打つ距離、状況によっては番手を大きく上下させないと対応しきれないことがよくあります。的確な判断を下せるようになるには経験が必要ですが、少なくとも番手の上げ下げには制限をかけずフレキシブルに対応しましょう。

あまり知られていませんが、フォローでも飛ばないことがあります。〝ダウンウインド〟と呼ばれる現象で、ボールが風に追い落とされるのです。起こりやすいのは、誰が感じても強い風のとき。私がキャディをやっているときに経験したのは、プロが通常8番アイアンで打つ距離を2番手下げて打ったときで120ヤードしか飛びませんでした。珍しい現象ですが、知っておくと出くわしたときに疑問が残りません。

風は周囲の地形にも影響されます。よく〝風が回っている〟といいますが、周囲の山などに風が当たって向きが変わることがあります。周囲を木で囲まれたグリーンではピンフラッグは揺れませんが、ボールの通り道は風が吹いていることも多いので注意が必要です。

番手が短いほど、また
ヘッドスピードが速い
人ほど風の影響を受け
やすい。フォローでも風
に叩き落とされて飛ば
ないことがあります

寒い季節に飛ばなくなるのはたくさん着込むから

ボールの飛び方は、季節や気温、天候や気圧、コースの標高によっても変わります。季節的な違いは気温と連動していて暖かくなるほど飛ぶようになります。もっとも、これは環境条件よりも体が動くようになることで飛ぶと考えられます。逆に寒い冬場は飛ばなくなりますが、こちらの原因はたくさん着込んだり、厚めのウエアを着て動きにくくなることです。

ボールは温まると飛び、冷えると飛ばない、という説もありますが、あったとしてもプロが長い番手でフルショットしたときに違いが出るかどうかくらいだと思うので、アマチュアの方がプレーするぶんには気にしなくていいでしょう。

天候による飛び方の違いは歴然です。みなさんもご承知の通り雨の日は飛びません。ボールに水滴がつくこと、ランが出ないこと、気圧の低さ、レインウエアを着用することによる動きづらさなど、飛距離が落ちる要素が満載だからです。天気が崩れる前には気圧が下がってきますが、この場合も同様に飛ばなくなります。反対にカラッと晴れた気圧の高い日は飛びます。

標高の高いコースでボールが飛ぶのはよく知られるところです。高度が上がると空気が薄くなるので抵抗が減り10ヤードくらいは平気で飛ぶようになります。

フェアウェイにあるボールでも沈んでいたり逆目のライになったりすることがある

次にボールのライについてですが、**ボールがフェアウェイにあっても確認が必要。**浮いていることも、わずかながら沈んでいることもあるからです。特にベント系の洋芝は沈む傾向があります。

また、フェアウェイの刈り方によって逆目のライになることがあります。フェアウェイに縞《しま》模様やダイヤモンド模様ができる、ゼブラカットという刈り方でそうなることがあるのですが、逆目の部分にあるボールを打つ際には多少芝の抵抗がありますから、**素振りで確認**しておきましょう。

普通に芝の上に乗っていれば問題はありませんが、**夏場の野芝やコーライ芝など、芝が元気な季節になると、見た目よりボールが浮いていることがあります。**そのまま打つとフェースの上の部分に当たってショートするのでこちらも要チェックです。

逆に冬場は芝が枯れてペタッとしていたり、場所によっては芝が薄くなっているところもあったりするので確認が必要です。

足場のチェックも忘れずに。平らに見えてもコースには必ずといっていいほど微妙なアンジュレーションがついています。必要なら対応策を講じなければなりませんし、番手選びにも影響します。

アマチュアの方のほとんどは、ボールがフェアウェイにあるとライを確認しません。それでミスショットになった場合、ライに対応できていなかったのが原因でスイングが悪いわけではありません。

ところが多くの人は、ミスをするとスイングが悪かったと思ってしまいます。するとラウンド中にもかかわらずスイングに手を加えはじめ、取り返しがつかなくなります。転ばぬ先の杖。そうならないためにも抜かりなくボールのライをチェックしておきましょう。

フェアウェイといえども
ボールが浮いているとは
限りません。ライのせい
でミスになることもある
ので打つ前に確認する習
慣をつけましょう

ラフでは入念にボールのライを確認
安全を期すならロフトのある番手を使う

ボールがラフにある場合は、より入念なライのチェックが必要となります。とはいえ、上から見るしかありませんから、ボールがどれくらい見えているかがポイントになります。

ボールが芝の上に乗っていて、3分の2以上見えているようならどんなクラブでも打てると思いますが、安全なのはロフトが多めのクラブを使うこと。距離を欲張るとロフトが立ったクラブを使うことになる。そうなると芝の抵抗を受けやすいので冷静に判断しましょう。

ボールが半分から3分の1程度しか見えていないようなら脱出を優先しましょう。ロフトが立った長めの番手だと、芝の抵抗でヘッドスピードが落ちてボールが上がらない可能性があります。トップやチョロになって、再び同じようなラフから打つことになりかねません。また、ロフトのあるショートアイアンでフルショットすると、芝が絡んでフェースが閉じ、左に引っかかることがあるので、ロフトがあるクラブでレイアップする際には強振しないことが大事です。

ラフから打つとき、アマチュアゴルファーは芝の抵抗を受けないようヘッドを上から入

ラフにあるボールでも浮き具合によっては普通に打てなくなります。この写真の場合、普通に打てそうなのは左だけ。真ん中は無理せず脱出。右は心して脱出しないと深みにハマる危険があります

れて直接ボールに当てようとしますが、プロにいわせるとこれがダメで、よほどなヘビーラフでない限り、ロフトのある番手でボールの手前から芝を刈るようにソールを滑らせて打つのがコツだそうです。

ラフにボールがある場合、その深さにかかわらずボールと地面の間にはすき間がありません。深いラフにボールがすっぽり潜っていても、ボールは地面についていませんから手前から滑らせるような打ち方ができるわけです。逆に浮いていてたやすく打てそうなライは、ボールの下にかなりのすき間がありますから、クラブヘッドがボールの下を潜らないように気をつけましょう。

ラフで一番難しいのはフライヤーの計算です。フライヤーとはインパクトでボールとクラブフェースの間に芝が挟まることで、スピンがかからず通常より飛んでしまう現象ですが、ある程度ヘッドスピードがないと起こりません。一般的にはドライバーのヘッドスピードが40m/s以上あるとショートアイアンで、45m/s以上あるとミドルアイアンでも起こるといわれています。ただ、番手が短くなると前には飛ばず高く上がる球になるので、飛距離は抑えられます。

正直なところ、フライヤーについては、するかしないかくらいしかわかりません。基本的にはヘッドスピードが出ないと起きないので、芝の抵抗が強くて振り抜けられないようなラフでは起こりません。起こりそうな状況なら、短い番手で打つしか手はありません。

ラフではボールの沈み具合によって対処の仕方が変わります。状況によってはバンカーと同じような扱いになることもあります

夏ラフはトラブル「欲をかかずにレイアップ」が合言葉

ラフにあるボールはライの確認が不可欠ですが、夏ラフとなると話は別。といっても確認が不要ということではありません。確認するまでもなく、まともに打てないことが多いという意味。プロでもグリーンを狙うのは難しく、深いラフだとレイアップするしかないことも珍しくありません。

一般アマチュアの方がプレーするコースでは、難易度を上げるためにラフを伸ばすことはないと思います。実際、刈り込んでいる場合が多いですが、それでもかなり手強い。夏は涼しい朝や夕方の時間帯にふんだんに水を撒きます。それをたっぷり吸った芝は強い日差しを受けてあっという間に成長するので、刈ってもすぐに伸びてきます。仮に芝の丈が短くても葉が厚く根も張っているのです。

短く刈られたラフにボールがスポッとハマった状態になった場合、ボールが見えているので打てそうな気がするのですが、芝がボールを取り囲んでいてクラブが入らない。手前から芝を刈るようにヘッドを入れても、ロフトが立っていると強い抵抗にあってヘッドが走りません。夏ラフはトラブル。基本、「欲をかかずにレイアップ」が合言葉です。

夏ラフに深く沈んでしまったボールはプロでもまともに打てません。ウエッジなどロフトの多いクラブでバンカーショットのように打っても出るか出ないか。距離を欲張ると間違いなくミスがミスを呼ぶ悪循環にハマります

使用クラブによってターゲットや狙い方を変える

風やボールのライをチェックしたら、ターゲットを決め、どんな球を打つかイメージしましょう。いっておきますが、この段階でもまだ使用クラブは決まりません。風やライによってはターゲットの変更を余儀なくされることもあるわけで、それも含めて弾道イメージができてはじめて打てるクラブが決まるというわけです。

アマチュアゴルファーの場合、レベルによって狙いはそれぞれ変わりますが、アベレージゴルファーの方がスコアメイク優先でプレーするなら、番手によって狙い方を変えるといいと思います。

たとえば、ショートアイアンやウエッジで打てる状況ならフェアウェイからでもラフからでも、グリーンを狙う選択肢があっていいと思います。ピンポジションにもよりますが、ライが良ければピンを狙うのもあり。ラフからだとスピンがかからないので手前から攻めましょう。

ミドルアイアン以上のクラブで打つ場合、ピンは狙わない。グリーンとその手前を含めた広いエリアをターゲットに設定しましょう。打つ方向にハザードがない限り、手前から攻めるということですね。

ミドルアイアン以上のクラブになると打球のスピン量が減るので、ボールが落下してからランが出ます。それを計算に入れてマネジメントする必要があるということ。OBやハザードに行くリスクのあるエリアに打たないことは、いうまでもありません。

ボールのつかまりやすさはクラブによって変わります。クラブの特性を生かせるとグリーンに乗せやすくなります

グリーンを狙う場合は〝外してもいいところ〟を見つけて保険をかける

プロは2打目でグリーンを狙うことが多いですが、使用クラブや残り距離によって狙い所を細かく変えています。打球をコントロールしやすいショートアイアン以下ではピンを狙うことがありますが、ミドルアイアン以上のクラブになるとターゲットを広くとり、グリーン全体を狙う、といった具合にです。

距離でいうなら、ピンを狙うのは男子プロでも150ヤード以内くらい、もしくは自分が得意としているクラブで打てるときです。

特筆すべきは、その場合でも必ず保険をかけたショットを打っていることです。保険をかけるとは、**グリーンを外したとしても、次に難しいアプローチが残らないところに打つ**ということ。

たとえば、グリーン左サイドにバンカーがあればグリーン右サイド狙い。右にバンカーがあればこの逆です。また、右から左へと傾斜のあるグリーンの場合、右サイドに外すと下り傾斜に打つアプローチが残って寄りづらいので、外すなら左サイドです。実のところ「手前から攻める」というセオリーもこの範疇《はんちゅう》で、ピンが奥にあるからと突っ込んで奥に

グリーン周りには必ず外してもいいエリアがあります。そこに外れるように狙うことでスコアをまとめやすくなります

外すと下りのアプローチになるから。受けグリーンが多い日本ならではのセオリーです。

この場合、プロはミスを想定して打ち方を変えたりしますが、アマチュアゴルファーはそう簡単にはいかないと思うので、**シンプルに左右を向いたり、持ち球に合わせて向きを変えるといった工夫をする**といいでしょう。

外してもいいところに打てればボギーは堅く、いけないところに打つとすぐにダボになってしまいます。気がつくとダボになっている、いわゆる〝素ダボ〟はこのマネジメントで防げます。

グリーンを遠景で眺めて一番高いところと一番低いところを確認

前項ではグリーンを狙うときには、外してもいいサイドに打つと話しましたが、これはアプローチのみならず、パッティングの際にも役立ちます。

ジェネラルエリアからグリーンを遠景で眺めると、グリーンのみならず周囲の地形もわかります。たとえばグリーンの右サイドに小さな山があり、左サイドに向かってなだらかな裾野状になっている。だとしたら、グリーンもその地形に影響されているかもしれません。つまり、右から左へ傾斜している可能性があるわけです。

また、砲台グリーンとは逆にフェアウェイからせり上がっていないグリーンの場合、グリーン面が見えることがありますが、そんなときは、奥がたくさん見えていれば手前から受けている、奥が見えないようなら奥に向かって下っている可能性があると考えられます。

もちろん、グリーン自体の傾斜やアンジュレーションを見ておくこともできます。さすがに細かい起伏まではわかりませんから、とりあえず大きな傾斜や視認できるコブなどをチェックしておけばＯＫ。**最低限、一番高いところと一番低いところだけは確認しておきましょう。**

アマチュアの方の多くは、2打目以降のショットがグリーンオンすると、何も見ずにグリーンに向かいがちです。セルフプレーだとなおさらで、カートでスーッとグリーンまで行き着いてしまいます。

ボールがグリーンに乗って一安心する気持ちはよくわかりますが、**グリーンに近づけば近づくほど、いろいろなものが見えなくなります。**それが前述したようなことで、パットのラインを読むにあたって、とても重要な情報だったりするのです。

グリーンでラインを読もうとしたときに、上りか下りかわからなくなることがあると思いますが、そんなときに役立つのは**周囲の地形や大きな傾斜。**グリーンに乗ってしまうとわからなくなることも、事前に見ておけば予測がつきます。

ということで、どのタイミングでもいいですから、**毎ホール、ちょっと距離を置いたところからグリーンとその周りの地形を見る習慣をつけましょう。**カートを運転しながらでもいいですし、プレーの流れによってはグリーンに向かって歩く道すがら観察する。どちらかといえば後者のほうが正確な情報をゲットできるので、プレーの進行に問題がなければ歩いてグリーンに乗ることをおすすめします。

プロの多くは、グリーンにオンした時点でパターを手にしますが、これにはパットに気持ちを切り替える意味合いがあります。気持ちが切り替われば、遠くからでもパットを打つ前提でグリーンを見ますから、自然と情報を集めるようになります。

ハザード、ピン位置、グリーンの傾斜の順に見てピンを狙う場合の難易度を判断する

ピン位置がやさしいか、難しいかを判断する場合、**最初に見るのはハザード**です。池であれバンカーであれ、ピンを狙うとハザード越えになるショットは距離に関係なく難しい。ピン位置がハザードに近いほどピンに近づけるのは困難です。グリーン周りの窪地やグラスバンカー、マウンドなども同等に考えれば、より安全にグリーンを狙うことができます。

次に見るのはそのものズバリ、ピンの位置です。もっともやさしいのはグリーンの真ん中。よほど大きなグリーンでない限り、どこに乗っても超ロングパットは残りません。

ピン位置は前後左右に振られるほど難易度が高まります。グリーン右端のピンに対して左サイドに外すぶんにはパットが打てるかもしれませんが、右に外すと難しいショートサイドのアプローチを強いられます。ピン位置がグリーンの左端ならこの裏返しです。

手前側や奥側のピンに対しても同じことがいえますが、上り傾斜に打てるケースが多いぶん、奥よりは手前のほうがやさしいかもしれません。

グリーンの傾斜も難易度を左右します。わかりやすいのは二段グリーン。狙うのであればピンがあるのと同じ段に乗せるのが絶対条件です。乗ってもピンのない段だと、強烈な

上りか下りが残ります。真っすぐなラインは絶対といっていいほどありませんから、間違いなく難しいパットになります。

普通の傾斜は二段グリーンのやさしいバージョンと考えていただくとわかりやすいと思います。自分にとって上りが安全なら上りを残し、下りが好きなら下りのラインが残るようなエリアを狙う。フックライン、スライスラインについても同様です。

傾斜についてはおおよそのところしかわからないので、あくまで想定の範囲でいいと思いますが、グリーンを4分割して見たり（114ページ参照）、ナビのグリーン攻略図を頼りにしたりすれば狙いを決めやすくなるでしょう。

ハザードから逃げるのがグリーンを狙う際の鉄則。それを前提にピン位置やグリーンの傾斜を見て狙いどころを決めます

グリーンを4分割して乗った場合にどんなラインが残りそうかを予測する

グリーンを狙う際には、グリーンを4分割して考えるといいでしょう。花道から見て縦と横に十字の線を引いて4つに分割するのです。

日本のグリーンは手前から奥に向かって上っている受けグリーンが多いと話しましたが、それを4分割したそれぞれの面にあてはめて考えると、大まかなパッティングラインがわかります。

すなわち、各エリアからグリーンセンターに向けてパットした場合、右奥（A）からは下りのフック、右手前（B）からは上りのフック、左手前（C）からは上りのスライス、左奥（D）からは下りのスライスになります。

真横のラインに近づくほど横傾斜の影響が強くなるため、フックやスライスの度合いが強くなります。右横に近い位置ほどフック、左横に近いほどスライスします。また、縦のラインに近いほど前後の傾斜の影響を受けるので、上り、下りの影響が強まります。奥からは速く、手前からは遅いということです。

ピン位置が真ん中にない場合は、ピンの位置で交わる縦横の線を引いて4分割すれば、おおよその傾斜がわかります。
もちろん4分割したからといってピンのあるエリアを狙う必要はなく、あくまで大まかなラインをイメージするための方策。上り、下り、フック、スライスなど、得意なラインがある人は、そのラインが残りそうなエリアをターゲットにできるという話です。

ピンを中心に受けグリーンを4分割して考える。ざっくりとですが、右奥からは下りフック、右手前からは上りフック。左奥からは下りスライス、左手前からは上りスライスと推測できます

2グリーンのゴルフ場はグリーン周りを広く使える可能性あり

日本には1グリーンのゴルフ場と2グリーンのゴルフ場があります。多くはベントグリーンとコーライグリーンで、季節やコンディションによって使い分けています。高温多湿の夏場はコーライ、温度と湿度が比較的低い季節にはベントグリーンといった具合です。

グリーンが2つあると、敷地面積上それぞれは小さめになりますが、グリーンに向かうルートは広くなります。2グリーンの多くは左右に展開していますから、グリーンに向かう花道が枝分かれする格好になっているのです。

そうなるとショットの狙い目は広がります。ハザードやトラップに注意する必要はありますが、ボールを運べるエリアは意外と広いのです。

海外のゴルフコースは1グリーン。フェアウェイは広いですが、グリーンに近づくほど先細りします。グリーンも広いですが、それはそれで大変。ファーストパットが超ロングパットになるリスクがあるからです。

2グリーンでも狙うグリーンは1つですからそちらに集中します。すると自ら使えるエリアを狭めることになって損をします。打つ前はなるべく視野を広げましょう。

２グリーンのコースは、いわゆる花道のエリアが広くなっています。無理にグリーンを狙わず、広いエリアを使って手前から攻めるマネジメントが有効です

この場合、左グリーンだけならバンカー越えですが右グリーンがあるので左グリーンの場合でも花道が使えます

プロもコントロールが難しい傾斜のショットはトラブルと心得る

みなさんもご承知の通り、2打目以降はティイングエリアのようなフラットな地面から打てることが圧倒的に少なくなります。ハンディキャップの多いゴルファーほど、その確率は高くなるといえるでしょう。

ボールのライに加え、足場もショットの成否に多大な影響を及ぼす要素です。ホールの作りによっては、プロでも2打目の足場を優先して、ティショットを刻むことがあります。

たとえばティショットが飛びすぎるとボールが斜面に止まってしまうホール。ドライバーで打ったボールの落下地点あたりから先が急激に下っていて、ナイスショットしてもボールが下の平らなところまで落ちきらず、左足下がりの傾斜地に止まってしまうようなシチュエーションです。こんなときは2打目で多少距離が残っても、足場がフラットなエリアに運びます。

つまり、足場がフラットに近いのはそれくらい大事だということ。傾斜からのショットは、プロでもコントロールするのが難しいのです。

ですからアマチュアゴルファーにとって傾斜はトラブル。わずかな傾斜を除けば脱出が最優先される状況と考えるべきです。

傾斜からのショットについては知っておくべきことがいくつかあります。プロは難なく打っていますが、そもそもバランスがとりづらく、普通に打つのが困難な状況。基本的には打ち方でどうこうしているのではなく、使用クラブやセットアップで難を逃れています。ということで、ここでは傾斜から打つときに最低限頭に入れておきたいことを紹介します。

番手が短くなるほど左に飛びやすいツマ先上がり

まずツマ先上がりですが、クラブフェースが左を向くので打球が左へ飛びやすくなります。この傾向は急傾斜ほど、また番手が短くなるほど顕著です。

そのまま打つと左へ飛びますから、目標の右を向いて構える必要があります。急傾斜、あるいはショートアイアン以下のクラブでグリーンを狙う場合、プロはグリーン1個分くらい右を向いて打つこともあります。その場合も乗るかどうかは一か八かです。

乗る確率を上げるために、プロはフェースを開いて打つこともあります。こうすると左に飛ぶライの特性と相殺されて真っすぐ飛ばせます。フェースの開き具合によっては、アドレス時のフェース向きがターゲットに対してスクエアに近くなるので、目標に向かって振ればいいのでシンプルです。

フェースを開く場合にポイントになるのがクラブ選択です。ショートアイアンでフェースを開きすぎるとショートしますし、かといって普通に打つと左に飛びます。そんなときプロは長めのアイアンを選び、短く持って打っています。

左に行かせたくないときはフェースを開く。右に行かせたくない状況では右を向いて打つ。後者はちょっと怖いですが、難しい状況ではそんなふうに使い分ける手もあると思います。

ツマ先上がりの傾斜で打つとボールは左に飛びやすくなります

長い番手ほど右に飛びやすいツマ先下がり

次は**ツマ先下がり。**一般的にはスライスしやすいライと思われていますが、番手によって多少の違いがあります。すなわち、長い番手ではスライスしやすく、短い番手、たとえばショートアイアンやウエッジではスライスしづらくなります。番手が上がるほどスライスしやすいと考えればいいでしょう。

ツマ先下がりでプロが気をつけているのは**バランス**です。クラブを振り下ろす方向が低くなっているのでバランスを崩しやすいそうです。そのためアドレスでは、**みんなスタンスを広くとって重心を下げています。**前傾を深くするのではなく、腰を落として重心ごと下げてクラブヘッドをボールに合わせる感じです。

バランスを崩しやすいですから、プロは**みんなスイングが小さめ。**基本的にフットワークは使いづらいので、上半身と腕だけで打っている印象が強いです。傾斜が急になるほど、こういったスイングになっています。

ボールが飛ばなくなる左足上がりでは番手を上げる

左足上がりではクラブ選択が大事です。この傾斜でソールすると、どのクラブもロフトが寝るため打球が高く上がって飛ばなくなります。当然ながら、傾斜が急になるほどロフ

ツマ先下がりの傾斜から打つとボールは右に飛びやすいですが、ショートアイアン以下の短い番手ではつかまって左に飛ぶこともあるので注意が必要です

トは寝ますから、さらに飛ばなくなる。アゲンストの風が吹いていたら3～4番手くらいは普通に上げなければなりません。

傾斜が緩やかであれば、プロはほぼ普通にスイングします。思うように振れないくらいの傾斜になると**終始右足体重のまま打っている**ようです。

急傾斜に立つときにはスタンス幅を広げて立ってバランスをとらなければなりませんが、その際に曲げた左ヒザが前に出てくるので、そんなときプロは**左ツマ先を左に向けてオープンぽく構えています。**

特殊なケースですが、ボールがディボットにハマって止まっているなどライが悪い状況では、スタンス幅を狭くして傾斜に逆らうように立ち、左足体重にして斜面にぶつけるように打つ方法がとられます。

この場合はクラブのロフトが寝ないので番手を上げなくてもいいですが、傾斜との関係性でロフトが立つ格好でインパクトすることもあります。このようなケースでは距離のコントロールができませんから、アマチュアの方は脱出するための方法と割り切ったほうがいいと思います。

左足下がりはボールを上げようとしちゃダメ

最後に**左足下がり**ですが、これはアマチュアの方がもっとも苦手とする傾斜だと思います。プロによるとその理由は、アマチュアゴルファーはすくい打つタイプのスイングが多いから。左足下がりでは、ちょっとでもボールを上げようとしてすくい打ちになると、ボールの頭を打つことになって打ち損じるのだそうです。

同時にクラブを下ろしてくる右サイドが高くなっているので、ボールのだいぶ手前をダフってしまうことも多いそうです。

対応策としては傾斜に合わせて左足体重で立ち、右足を後ろに引いて構えること。こうするとバックスイングしやすくなり、終始左足体重のまま打てばフォローでヘッドが低く動いてすくい打ちも防げるそうです。

基本的にボールが上がらないライですから転がすつもりで打つのが安全。それでもクラブにはロフトがついていますから、そのぶんは上がってくれます。なお、左足上がりとは逆にクラブのロフトが立つので、番手を下げることをお忘れなく。

また、テークバックでクラブをアウトサイドに上げてインサイドに振り抜くイメージで打つ人もいると思いますが、このタイプは打球が右に飛びやすいので、ターゲットの左を向いて打つ必要があるとのことです。

左足下がりはもっとも打ちづらいライ。ゴロを打つつもりで臨みましょう

左足上がりのライで打つとクラブのロフトが寝るので、ボールが高く上がり飛ばなくなるので番手を上げます

ピンフラッグや竿についた目印で前後のピンポジションがわかる

これはすでにご存じの方も多いと思いますが、一応記しておくと、前後のピン位置については ピンを見ればわかるようになっています。

見分け方はふたつあって、ひとつはピンフラッグの色で見分ける方式。フラッグの色が、ピン位置が奥なら青、真ん中なら白、手前なら赤というようになっています。これはゴルフ場によって違うので、スタート前に確認しておきましょう。

もうひとつはピンの竿につけた目印の位置で見分ける方式で、目印がフラッグに近い高いところにあると奥、真ん中あたりだと真ん中、下にあると手前にピンがあります。目印は左ページのようなプラスチックの球だったり、小さなフラッグだったりします。

グリーンを狙うショットが近い距離からの強烈な打ち上げになると、ピンフラッグや目印が見えないこともあります。その場合は先を見越して、ピンが見える手前の位置で確認しておきましょう。いずれもカートにGPSナビが搭載されていると目印はないかもしれませんし、搭載されていてもつけてくれているコースもあります。欲をいえばピンがグリーンの左右どこにあるかまでわかるようにしていただけると嬉しいのですが。

旗竿の高い位置に目印があればピン位置はグリーンの奥、低い位置あれば同手前、真ん中にあれば同センターです

プロもボギーになりやすいガードバンカー アマチュアは徹底して逃げ倒すべき

プロの場合、グリーン周りの深いラフよりもバンカーのほうが楽という理由で、バンカーを目標に打つことがありますが、それはあくまで「最悪バンカーに入っても仕方がない」という意味で、わざと入れる人はいません。

国内のプロツアーには、グリーンサイドのバンカーから2打か、それ以下で上がる確率を示す、サンドセーブ率というスタッツがあります。数字的には70％あるとすごく優秀ですが、ボギーになる確率も30％あるということ。ランキングのトップでこの数字ですから、平均すると50％台くらいでしょうか。そうなると2回に1回はボギーですから、ガードバンカーには絶対入れてはいけないのです。

なぜ、プロでもボギーを叩くかといえば、バンカーでは本番さながらの素振りができないから。砂の粒子が粗いか細かいか、砂が厚いか薄いかなどによって打ち方が変わるのに、予行練習ができないため簡単にはいかないのだと思います。バンカー練習場があれば、スタート前に練習しておくのもいいですが、基本的には徹底して逃げ倒すべき。プロでも簡単に1～2打失うのがバンカーであることを覚えておきましょう。

ガードバンカーは徹底的に避ける。アマチュアゴルファーが入ってしまうのは避け方が甘いから。バンカーがかからないほうを向いて打つべきです

バンカーに入ってもスコアがダウンするとは限らない

とはいえ、そのつもりでプレーしても入ってしまうのがバンカー。おまけに入れてはいけないと固く決めているほど、入れてしまったときの落胆は大きく、それを引きずったままプレーすると、出すのに何打もかかってしまうなど大叩きにつながることもあります。

しかし、バンカーに入ったからといって必ずしもスコアがダウンするとは限りません。

フェアウェイバンカーに入ったことでOBを免れた、といったことはよくあります。池の脇にあるバンカーも同様で、同じハザードに入るなら池よりバンカーのほうがいいに決まっています。グリーンをオーバーしてバンカーに入ることもありますが、バンカーでなければさらに難しい状況になり、最悪OBまであったかもしれません。

グリーン手前のガードバンカーにしてもそうで、グリーンを狙ったショットがバンカーに入るとみんな一様にガッカリしますが、もしバンカーの手前に落ちて半端な距離のアプローチが残ったとしたらどうでしょう。次打がバンカーに入らない保証はありませんし、ピンが手前にあったとしたら寄せるのは困難になります。

このように、バンカーから打ったほうが、いい結果になる可能性が残るケースもあるのです。要は考え方次第。誰も助けてくれないセルフプレーでは、うまく切り替えることも大事です。

第4章

キャディ目線で3パット撲滅！セルフプレーのパッティング

Important things when playing golf by yourself

スタート前にグリーンスピードとコンパクションをチェックしておく

グリーンはゴルフ場ごとに違えば、同じゴルフ場でもホールによって違います。さらには、季節、天候、時間帯などによっても違ってきます。そもそも芝は生き物、しかもグリーンの芝は限界ギリギリともいえるほど短く刈り込まれていますから、刻一刻と変化するのは当然といえば当然です。

そんなグリーンに対応するために用意されているのがクラブハウスの出入り口付近やキャディマスター室周りに掲示されている**グリーンスピードの表示**です。

これはスティンプメーターというグリーン専用の計測器を使ってボールが転がるスピードを測定した数値で、フィートという単位で示されています。数字が大きくなるほど速いグリーンになります。

一般営業のコースでは9〜10フィートが多く、プロのトーナメントでは平均して11〜12フィート。それ以上になるとプロも手こずる速さになります。「マスターズ」が開催されるオーガスタナショナルGCのグリーンは14フィート超えといわれています。みなさんがラウンドするグリーンなら、**2ケタなら速め**と考えておけばいいでしょう。

あくまで目安ですが、スタート前にはグリーンのデータをチェックしておきましょう

速さとともにグリーンの硬さを表示しているゴルフ場もあります。**硬さはコンパクション**といいますが、硬いとグリーンヒットしたボールが止まりづらく、軟らかいと止まりやすくなります。

こちらの単位はミリで、**11〜12ミリが平均的。10ミリ以下だと軟らかめ。**プロのトーナメントでは12〜14ミリくらいが多いと思います。硬さは速さにも影響します。硬いと速く、軟らかいと遅くなります。

ただし、数値はあくまでも目安です。速めの数値でも遅いと感じる人がいれば、遅めでも速いと感じる人もいます。数字より速いことも、遅いこともよくあります。

いずれにしても、数字より自分の感覚が大事。数字は感覚と擦り合わせる材料として考えましょう。

季節や天候はもちろん、時間によってもグリーンコンディションは変化する

グリーンの速さは季節や天候、時間によっても変わります。

みなさんがまず体験するのはスタート前の練習グリーンだと思いますが、朝の練習グリーンは水分を多く含んでいるので遅く感じることが多い。晴れて乾燥している日は、それが時々刻々速くなります。

したがって**スタート時間が朝早い場合**は、練習グリーンと本番のグリーンの速さにギャップが生じ、ホールを消化するごとに速くなっていきます。細かくいえばグリーンが日向か日陰かでも変わり、日向のグリーンのほうが速くなります。

盛夏にはグリーンが乾く速度がより一層速くなりますが、いったん速くなってから再び遅くなります。直射日光を受けて水分が蒸発して速くなったあとに、芝自体が伸びてくるからです。こうなると前半9ホールと後半9ホールで速さが大きく違ってくるので注意が必要です。

雨が降ると遅くなるのはご承知の通り。芝が水分を含むのと、ボールに水滴がつくのが原因で、距離を合わせるのが難しくなります。

時期によってはメンテナンスのため、グリーンに砂が撒かれていることがあります。この場合、グリーンスピードが遅くなる気がしますが、砂を入れて下地が高くなることで、結果的に芝の丈が短くなりすき間も詰まって速くなることがあります。

ただ、**朝露**が降りてしばらくの間など、表面が湿っているときはボールに砂がついて転がりにくくなることがありますから、砂が入っているグリーンは表面が乾いているかどうかを確認しましょう。ボールに砂粒がつくようなら相当遅くなります。

また、**季節の変わり目、おもに春先と秋口**には、グリーンに無数の小さな穴を開けるエアレーションという作業をします。土を除いて酸素を入れることで芝の根の成長を促す、グリーンの育成に欠かせない作業ですが、このタイミングにあたるとボールの転がりが安定しないので読むのが難しい。雨の日と同様に距離を合わせるだけになります。

ちなみに**エアレーションの時期**は、ゴルフ場に問い合わせればわかるかもしれません。生き物相手の作業なのでカッチリと決まっていませんが、春秋のゴルフシーズンに実施するので、心配な方は問い合わせてみるといいでしょう。

たくさんの人がプレーすると必然的にグリーンは荒れてきますが、プロによるとグリーンの状態が悪いほどパットの巧拙の差が出るそうです。理由はしっかりヒットできていないとボールが真っすぐ転がらないから。パットが下手な人はインパクトが緩む傾向があるので、グリーンの状態に左右されやすくなる、ということのようです。

芝の種類によって変わるスピードや芝目の強さも考慮する

グリーンスピードは芝の種類によっても変わります。グリーンに使われている芝は、コーライ芝や野芝に代表される日本芝と、ベントやバミューダなどの洋芝ですが、多くはコーライとベントです。

簡単にいうと、ベントは速めでコーライは遅めです。

ベントグリーンも種類によって芝質が違います。よく見ていただくとわかりますが、髪の毛のように細い葉の種類があって、この種は芝が伸びても多少グリーンが荒れてもスピードが落ちません。前述したようにグリーンは数時間で結構伸びるためハーフターンする頃には重くなってきますが、この種のベントはスピードがあまり変わらないのです。

コーライは基本遅めですが、最近は刈り高を低くしてスピードアップしているコースもあります。いずれにしてもスピードは芝目の強さが影響しています。順目だと芝の上に乗ったボールが滑るように転がるので速くなり、逆目になると葉の厚さがモノをいって重くなる。下りの傾斜でなければ順目はそれほど気にしなくていいと思いますが、逆目の上りは通常より強く打たないと届きません。

芝目は水が流れていく方向や太陽のほうを向くので参考にしましょう。グリーンを見たときに白っぽく見えれば順目、黒っぽく見えたら逆目です。

ゴルフ場によってはバミューダ芝のグリーンもあります。バミューダは南方系の洋芝で沖縄や九州ではポピュラー。スピードはやや遅めで目が強めです。

最近はバミューダを改良した交雑種のティフトンを採用するゴルフ場も出てきているようです。バミューダに比べて生育が早く、暑さにも強い品種で、短く刈っても元気なので速いグリーンが作れるということです。

とはいえ、速さの基本要素は傾斜。低いほうへと速く、高いほうには遅い。近くに海があればその方向に傾斜があるかもしれません。当然、芝目も低いほうや海側を向きます。芝目はパッティングラインに影響しますが、あくまで二次的な要素と考えましょう。

芝の種類とは関係なく、ボールが転がりやすくなるエリアもあります。カップの周り2メートルほどのエリアです。ここには最終的にプレーヤー全員が集まります。多くの人が踏んでいるぶん固められるため転がりやすくなります。同時にスパイクマークができやすいエリアでもあります。ソフトスパイクが定着しましたが、やはり歩けば傷がつく。いずれにしてもパットの前にはカップ周りのチェックが必須です。

プレーヤーに踏まれるという意味でいうと、カップから次のホールに向かう動線となりそうなエリアにも注意が必要です。

休日は雨の日はピン位置がやさしめ手前になる傾向がある!?

セルフプレーの知識として役に立つかわかりませんが、一般営業のゴルフ場では天候によってピンポジションが偏ることがあります。

おもに雨の日や、高い確率で雨が予想されている場合ですが、そんな日は、水が溜まりづらいエリアや、水はけのいい位置にカップが切られます。

多くはグリーンの中でも高いところ。低いところに切るとカップに水が流れ込んでしまうからです。

受けグリーンの場合は、手前側より奥めになる可能性が高い。そうなるとちょっと難しくなるかもしれません。雨の降り出しが早く、雨量が多くなりそうなときは、グリーンに入らせないよう手前側にカップが集中することもあります。

また、メンバーコースでは週末に競技会などクラブのイベントがよく行われますが、クラブイベントを控えたタイミングでもピン位置が手前側になることがあるかもしれません。これもメンバーのため、なるべくビジタープレーヤーがグリーンに入らないようにする方策です。

休日よりも平日のほうが難しいカップ位置になる

その代わり、というのも何ですが、競技会終了直後はグリーンがよく仕上がっていますから、本格的なセッティングを体験できるチャンスになります。競技会の情報はコースのホームページに出ているので、興味のある方は情報収集するといいでしょう。

平日と休日でピンポジションの傾向が変わるコースもあります。プロのトーナメントでは各日の展開や自然条件などを予測しつつ戦略的にピンポジションを決めますが、一般営業のゴルフ場だと、そこまでやっているところは少なく、もっぱらカップの位置が偏らないようローテーションさせています。グリーンが傷んだりすれば、そのエリアを使わないこともあるでしょう。

この場合、さまざまなところにカップが切られますが、そうなるのはおおむね平日です。ピンポジションが難しいと進行の妨げになる可能性があるので、比較的プレーヤーの少ない平日にそうするわけです。

逆にプレーヤーが多い休日はスムーズなラウンドを促すため、やさしいポジションにカップが切られる傾向になります。先入観をもちすぎるのは良くありませんが、積極的に攻めるなら平日よりも休日のほうがいいかもしれません。

自分のタッチがわからないことにはラインは正しく読めない

アマチュアの方のラウンドに付き添わせていただくと、パットのラインを聞かれることがよくあります。ラインを読むのはキャディの大事な仕事なので当然ですが、いきなりのパットだとラインは読めても、どこに打てばいいかまではわかりません。

プロのバッグを担ぐ場合、キャディはプロのタッチを把握しています。たとえば5メートルのパットをどれくらいの強さで打つかがわかっていますから、どれくらい切れるかがわかる。タッチが強めのプロなら目標に対して直線的なライン取りになり、弱めの人なら膨らませ気味のライン取りになるわけです。

つまり、パットのラインはタッチによって変わるということ。同じところから10人が打ったら、10通りのラインがあるといってもいいくらいです。

パットを入れる、あるいは寄せようと思ったら、まずは自分のタッチがわからないことには話になりません。

アマチュアゴルファーのタッチは日によって違います。キャディがいないセルフプレーでは、自身でそれを把握することが正しくラインを読むうえでの絶対条件なのです。

パットのラインはタッチによって変わりますから、人それぞれ微妙にラインが変わります。自分のタッチがわからないとラインは読めません

理想はスタート前のパッティンググリーンでタッチをつかんでおくことですが、そのままそっくりラウンドに持ち込むのは簡単ではありません。

よほどカップに近いパットは別ですが、基本的には2〜3ホールかけてタッチを合わせていく方向でプレーしたほうが、結果的にいいラウンドになると思います。

プロに「パットで一番大事なことは何ですか?」と聞くと、「タッチ」という答えが多く返ってきます。パット巧者ほどこの傾向があり、あまりうまくない人ほどテクニック面のことを口にするように思います。もちろんテクニックは必要ですが、ラウンドではそればかりではないということなのでしょう。

なるべく地面が平らなところからグリーンに乗るようにする

グリーンに乗るまでの道のりも気をつけておきたいポイント。できれば、なるべく平らなところからグリーンに乗りたいのです。

たとえば、ずっと下り傾斜を歩いてきてグリーンに乗ると、グリーン面がフラットでも上りに感じます。グリーンが下っていればフラットに感じ、上っていると実際の傾斜以上に上りを感じます。

反対に、ずっと上り傾斜を歩いてきてグリーンに乗ると、フラットでも下りに感じ、上っていても平らに感じます。砲台グリーンでは、どこから乗っても上りになりますから、グリーンの正確な傾斜をつかみにくくなります。

これらは錯覚によって起こるので、平らなところから乗れなければ、どんな傾斜を歩いてきたかをあらかじめ認識しておくしか解決策がありません。プロの試合は歩いてラウンドします。ラウンド数も多いですからプロは足裏がセンサーのようになっていて微妙な傾斜まで読み取れます。さすがにアマチュアの方はそういうわけにはいきません。ましてやカートを使ったセルフプレーが多いので感覚も養いづらくなっているといえるでしょう。

グリーンに向かう際の傾斜によってグリーンの傾斜の判断を誤ることがあります。平らなところから向かうのが理想ですが、傾斜がある場合は注意が必要です

グリーンの一番高いところと低いところを見つけ、低いところから傾斜を見る

グリーンに乗る前に遠景でグリーンとその周辺を見ておくことが大事と記しましたが、やむをえず、それができずにグリーンに乗ってしまうこともあるでしょう。

そうなったら、もう一度周辺を見回して、**一番高いところと一番低いところを見つけましょう。**グリーンの傾斜もその高低に準じている可能性があります。

水の流れをイメージしてもいいかもしれません。水は高いところから低いところに流れますから、どこが高くてどこが低いかがわかります。イメージした水が流れていく先（グリーンの外）に**排水口**があればその読みは当たっています。

もちろん、**先に排水口を見つけてもいいでしょう。**グリーン周りには必ずスプリンクラーがあり、撒かれた水を流すための排水口が設けられています。当然のごとく排水口の付近は一番低いところになりますから、その方向に下っている確率が高いです。

周囲に高低を判断する材料がなければ**グリーンの一番低いところを見つけましょう。**見つけたらそこに移動してグリーン全体とラインを見ます。上から見るとわからない傾斜も下から見ればわかります。しゃがむなどして、なるべく目線を低くして見るのがコツです。

グリーンに乗ってからラインを読む場合、最初に一番低いところから見ると迷いづらくなります

グリーンに着いたらいきなりボールを拾いに行かない

グリーンに着いたらパットのラインを読みますが、セルフプレーでは花道やアプローチをした場所から歩いてグリーンに向かう人と、ホールの出口までカートを回し、そこからグリーンに戻る人とがいます。

どちらにもいえることですが、**いきなりボールを拾い上げに行かず、まず自分が向かっている方向からラインを読みましょう。**

たとえばグリーンセンターのピンに対して奥につけた人がカートを出口まで回していたら、まずボールの後方からのラインを読む。ボールがピンの手前側にあれば、まずカップの方向からラインを見るということです。もちろん、最初に横からのラインを見る場合もあります。

なぜこんなことをいうかというと、**ラインは基本4方向から見てほしい**から。ボールの後方、カップの後方、ボールとカップを結ぶラインに対して右からと左から、がその4つの方向ですが、先にボールを拾い上げてしまうと1から読まなければならず効率が悪い。ボールに向かいながら読んでしまえば残りは3方向。はじめに読む位置はボールもありま

グリーンに乗ったらマークをする前に、まずボールのところに向かう途中の位置からラインを読みましょう

すから見やすくもあります。

先に打つプレーヤーのライン上に自分のボールがあったら急がなければいけませんが、その場合は先に打つプレーヤーのパットが参考になります。

状況にもよりますが、自分が一番先に打たなければならないときは、4方向から読んでからボールを拾い上げてもいいくらい。先に打つ場合、そこそこ距離があるパットなので、ボールを置いたままのほうがラインが見やすいという利点もあります。

一方からスライス、反対からはフックに見えたら、高い確率で真っすぐのライン

パッティングラインを読み切るのは難しいもの。なにしろ相手は自然ですから、プロキャディといえども完璧に読むことは不可能です。ラインを4方向から見るのも、読み切るためというよりは、読み間違いをなくすためといったほうが適切かもしれません。

4方向について説明すると、誰もが確実に見るのはボールの後方からカップ方向だと思います。

見方に決まりはないのでひとつの例になりますが、ボールとカップを結ぶラインをセンターラインと考えたときに、ラインの左右どちらのグリーン面が高いか、あるいは低いかを見ます。センターラインを境に右側が高ければフックライン、左側が高ければスライスラインになります。このときカップに向かって上りか下りかも見ます。

カップ側からのラインも読みますが、もしはじめにボールの後方からラインを見たら、そこから移動する途中で左右のいずれかから、すなわちボールとカップを結ぶラインを横から見ましょう。

できればラインを一辺とする正三角形の頂点から見る。この角度から見ると縦位置から

ボールの後方から見てラインの左右の傾斜を見ます

横から見て距離と、上りか下りかを見ます。できればカップとボールを結ぶラインを一辺とする正三角形の頂点から見ましょう

ではわからなかった距離がわかるので、それを見て実際の距離をインプットします。

同時に**ライン側と自分側のどちらが高いか、低いかも見ます。**自分から見て右から左に打つとしたら、自分側が低ければフックライン、高ければスライスラインになる。最初に予測したラインとの整合性をとるわけです。

カップ側からのラインの見方も、ボール後方から見る場合と同じです。このとき、ボールの後方から見たときは上りだったのに、カップ側から見たら下りに見えることがあると思います。そうなると上りか下りかわからなくなってしまいますが、**こんなときはあまり傾斜がなく比較的フラットに近い。**同じように、一方から見たときにスライスライン、反対から見たらフックラインに見えたら、**ほぼ真っすぐ**です。

カップ側からラインを見てスライスかフックかを確認します

もちろん100%この通りというわけにはいきませんが、私はそのように判断しています。ラインを読むときにプロが両手を庇《ひさし》のようにしているシーンを見たことがあると思いますが、あれは周囲の景色を遮断するため。周囲の景色が広く視界に入ってくると、そこにある斜面や山肌などに影響されてグリーンの傾斜が見えにくくなるのです。

　とはいえ、グリーンには細かい傾斜がたくさんあります。ましてや自分がその上に乗ってしまうと余計にわからなくなります。そんなときに役立つのが、**乗る前に遠景から見ておいた大きな傾斜。**ボールの転がりは、グリーン面の細かいアンジュレーションより、土台にある地形上の傾斜のほうが圧倒的に影響するからです。

余裕があれば反対サイドに回って横から確認しましょう(149ページと同様)

パットがうまいプロは真っすぐのラインを想定してからラインを読む

長年プロのキャディをやって感じたことのひとつに、パット巧者ほど真っすぐ打っていく、ということがあります。しっかり強めに打ち、ラインを消してカップインさせるイメージです。特にショートパットは顕著で、カップの奥の土手にぶつけるように打っています。こういったプロは、ラインを読むときもまず真っすぐ読みます。カップとボールを直線で結び、そのラインに打ったらどう切れるかをイメージするわけです。そう見ると、仮に真っすぐ打ったとしたら、左右どちらに切れるかがわかります。ラインに対して左が高ければスライス、右が高ければフックします。

これはアマチュアの方にもできるラインの読み方だと思います。明らかに左右どちらかの傾斜がきていれば切れるラインですし、傾斜があるかどうか微妙ならば切れるか切れないか微妙なラインです。

真っすぐ打っていくプロはラインを浅めに読むので、切れ方によってはカップを外さずに打つかもしれません。対照的に最後のひと転がりでカップにコロンとボールが落ちるようなタッチで打つ人は、膨らませ気味のラインをイメージしてカップを外して打つことに

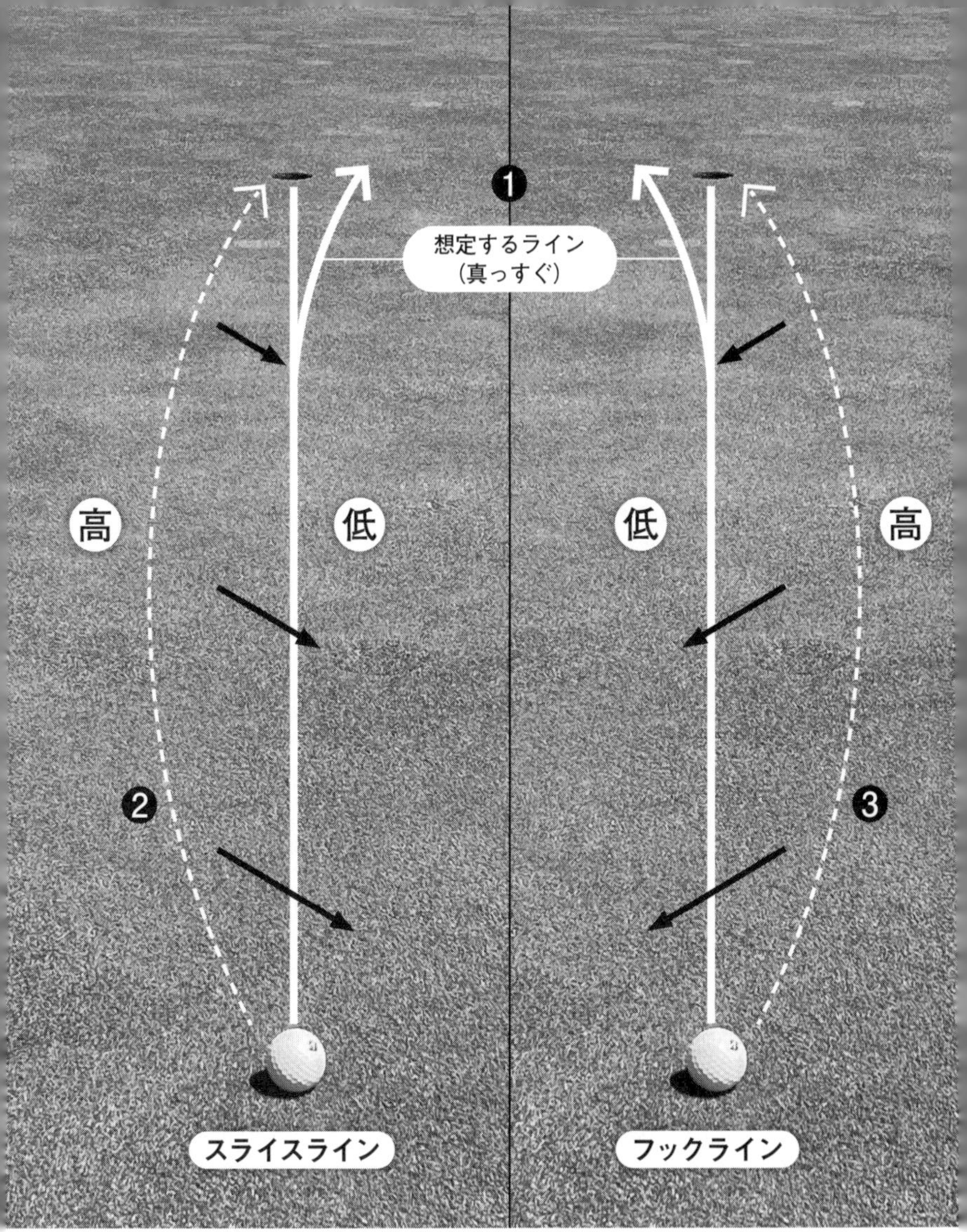

ボールとカップを真っすぐ結ぶ線を想定し、ラインに沿って真っすぐ打った場合にどちらに切れそうかを読みます(❶)。それによって打ち出す方向が変わる。スライスラインならカップより左(❷)、フックラインならカップより右(❸)に打ち出すことになります

なるでしょう。

1メートル以内に設定したスパットの上を通す

これに対し、あまり入らないプレーヤーは逆の読み方をします。たとえば、まずスライスと読み、ボールとカップを曲線で結んでラインをイメージします。つまり、切れるという前提で読み、この方向に打つとカップの左に抜けるかもしれないので、もっと浅めに打とう、と考えるのです。

切れ方を大きく読むほどタッチが弱くなるのはプロでもアマチュアでも変わりません。弱いとカップの手前で左右どちらかに切れて届かない、いわゆるアマチュアラインに外すことになってカップインの可能性は消滅します。届かなければ入らない、というわけです。

全体の傾斜がよほどきつい グリーンでない限り、大きな傾斜の途中にカップを切ることはまずありません。プレーの進行を妨げる原因になるからです。その前提で真っすぐのラインから読んでいくのは、かなり有効な手段だと思いますので試してみてください。

もうひとつうまい人に共通するのは、打ち出したい方向に目印(スパット)を見つけて必ずボールがその上を通るように打つこと。なおかつスパットは、打つ距離にかかわらず、ボールから1メートル以内に設定しています。中にはスパットだけ見て打つ選手もいます。

打つ前には、ボールから1メートル以内のパッティングライン上に目印を見つけます。それをスパットと考え、必ずその上をボールが通過するように打ちます。プロの中にはボールを見ず、スパットだけ見て打つプレーヤーもいます

人のパットはヒントの宝庫 ボールが止まるまでつぶさに観察する

同じライン上ならもちろんのこと、ラインが違っていても同伴プレーヤーのパットは必ず見るようにしましょう。人の打ったパットが入らないとわかった途端に目線を外す人が多いですが、これはとてももったいないです。

なぜなら、カップインを決定づけるカップ周りのボールの転がり方を見逃してしまうから。誰しも最終的にはカップインを望んで打っているわけですから、ミスパットしない限り、カップの近くではボールのスピードが減速します。グリーンの影響を一番受けるのはボールが減速したとき。その様子がつぶさに見えるのですから見ない手はないのです。

同じラインのパットを見る機会を得られたとしても、タッチは人それぞれですからボールは同じように転がりません。でも、「あのタッチであそこに打つと切れる」とか「このタッチだと強すぎて抜ける」といったことはわかりますから、それを反面教師にして自分のタッチに反映させることができると思います。

なお、人のパットを見る際には真後ろに立つのはマナー的に良くないので、打ってから真後ろに移動するか、プレーヤーの視界から外れたところで見るようにしましょう。

自分とは違うラインであっても人のパットは必ず見ておくようにしましょう。タッチと切れ方の関係が他のグリーンで役立つことがあります。もちろんラインが重なっていれば大きなヒントになる。その際は自分のタッチに置き換え、ラインを読み直してから打ちましょう

ロングパットは距離感合わせに集中 ラインは気にせずカップを狙って打つ

プロゴルファーが簡単に3パットしないのは距離感が備わっているから。「この距離ならこれくらいのタッチで打てば寄る」という感覚をもっているので、そのタッチで打った場合にどれだけ切れるかを予測して打ち出す方向を決めれば、カップインはしないまでもワンパット圏内には運べるのです。

アマチュアゴルファーの場合、距離感がなく、タッチも不安定、ラインも正確には読めませんから寄らなくても当たり前です。

キャディのいないセルフプレーならなおさら。多くのことをいっぺんにやるのは無理ですから、せめて距離だけはしっかり合わせるように頑張りましょう。アマチュアの方が3パットするのは、大抵は距離感が合わないから。よほど傾斜がきついか難しいラインでない限り、ワンピン以上方向がズレることはないと思います。

最大の課題はロングパットですが、おすすめは歩測をすることです。スタート前のパッティンググリーンで、気持ち良く打ったときの距離を歩測しておくと書きましたが、そこで自分なりの基準ができているはずなので、それを利用するわけです。距離を合わせるだ

ロングパットはボール位置とカップの間を歩測して距離を測ります。歩くことで傾斜もわかります

けなので狙いはカップでOK。中途半端にラインを気にするとタッチが弱くなります。

プロによると、**カップを見たままの素振りも有効**だそうです。パットにおいて視覚はすごく頼りになるようで、カップを見たまま数回素振りを繰り返し、間髪入れずにストロークすると距離が合うということ。ぜひ試してみてください。

ショートを繰り返したらボールスピードをイメージする

グリーンの高低を見きわめて傾斜を把握できれば、ロングパットでもワンピン以内には寄せられると思いますが、プロのようにワンパット圏内に寄せるとなると簡単ではありません。

これは私の個人的な意見ですが、プロがロングパットでワンパット圏内に寄るのは、ボールスピードを気にしているからだと思います。

パットでタッチを合わせようとすると、インパクトの強さや振り幅など、自分がどうすればいいか、ということばかりが気になります。私も経験があるのでアマチュアゴルファーなら仕方がないと思いますが、何をするかのほうに意識が向いてしまうと、ターゲット意識が薄れてショートしたりオーバーしたりという事態を招きます。自分のやることで精一杯になり、せっかく読んだラインも、素振りで出した距離感も雲散霧消してしまうのです。これはプロにもあることで、距離感を合わせにいったら右に押し出したり、方向性を気にして打ったらショートしたり、ということがよくあります。

ボールスピードを気にするとこうなるのを防げます。プロの頭の中には常にボールが転がる速さのイメージがあります。

私のキャディ経験からいうと、カップを40センチくらいオーバーするスピードイメージをもつのがベスト。ストロークの感覚でいうと、下りは合わせ、上りはオーバーするように打つ感じに見えますが、どれくらいのボールスピードをイメージするのかは人それぞれです。

パット巧者のプロは、おしなべてボールスピードがイメージできています。ショートパットでもロングパットでも、カップインするときのボールスピードが似通っているのです。これに対し、アマチュアゴルファーのパット、おもにショートパットはボールスピードが遅くなる傾向があると思います。

カップインの仕方で一番安心安全なのは、強すぎるでもなく弱すぎるでもなく、ジャストタッチで真ん中からストンと入る形。そんな入り方まで含めてスピードをイメージしていくといいと思います。

プロがショートを繰り返している場合、私は「ボールがカップに入って行くようにイメージしてください」ということがあります。打つ、打たないの話になると、自分が何をするかばかりを考えてしまうからです。

カップインするイメージをもつようになると、ボールスピードが自然と速くなっていきショートがなくなってくるのです。

ピンを抜く、刺したまま
どっちがカップインしやすいのか？

２０１９年のルール改正に伴い、ピンを刺したままパッティングしてもいいことになりました。キャディ付きのラウンドではキャディに抜いてもらえますが、セルフプレーの場合は手間を省く意味でも、ピンを刺したままプレーしている方が多いのではないかと思います。

しかし、プロのトーナメントを見ると刺したままのプレーヤーは少数派で、ほぼほぼピンを抜いています。それを見ると、抜いたほうがカップインしやすいのでは？という疑問が湧くかもしれません。

結論からいうと、**あまり変わらない**ようです。

ただ、それぞれにメリットはあるようで、たとえば刺したままだと、ロングパットで目標が見やすい、ピンに当たって入ってくれることがある、強く打ったときにピンに当たって勢いが止まりオーバーを抑えられる、といったことがあるといいます。

抜くことによるメリットは、ピンに弾かれて入らないのを防げる、というのが多いようですが、プロの場合はピンを抜くことが習慣化されていて、そのほうが集中できるとの意見が圧倒的。ロングパットでは刺したまま打つことがあるプレーヤーでも、ショートパットでは必ず抜いています。もちろんキャディがいることも大きな理由ではあるでしょう。

アマチュアの方はどちらでもいいと思いますが、抜いた場合の手間と、グリーン上に置いてしまったりすることがあることを考えると抜かないほうがいいと思います。プレーファーストの一助になることは間違いないですから。

ピンを抜いても抜かなくても入る確率は変わりません。セルフのラウンドなら刺したままプレーしたほうが効率が良いでしょう

自分からマークの移動はしない
動かしたときには裏返しておく

グリーン上ではボールの後ろにマーカーを置きます。最近はいろいろなマーカーが出回っていて、お気に入りの一品を使っている人も多いことでしょう。あまり小さいものや、色によっては遠くから見づらいものもありますから、適度に大きくて目立つものを選ぶといいでしょう。

よく見かけるのは、ボールの直径と同じくらいの直径があるプラスチック製のチップタイプのマーカー。大きくて見やすいのですが、ちょっと厚みがあるので他のプレーヤーのライン上に置く場合にはズラさなければなりません。ゴルフ場に備え付けのマーカーにはグリーンに刺すタイプのものが多いので、状況によって使い分けてもいいですが、それを刺したところで影響がないとは限らないので、マーカーはズラしたほうがいいでしょう。

その際に、ズラすかどうかを尋ねることが多いと思いますが、プレーヤーによっては、その言葉に惑わされるかもしれません。つまり、全然邪魔にならないと考えていたところに「マーク、ズラしますか?」といわれてライン読みを迷わせることがあるのです。レアケースではありますが、そうならないためには、当該プレーヤーがいってきたときだけズ

移動したマークを裏返して置いておくと戻し忘れを防げます

ラすようにするといいでしょう。もちろんビギナーへのアドバイスなど、好意的なアクションならこの限りではありません。

もうひとつマーカーをズラしたときに気をつけなければいけないのが、**自分がパットを打つときにマーカーを元の場所に戻すこと**です。戻し忘れたまま打つと誤所からのプレーとなって2打罰になるので要注意です。

これを未然に防ぐには、マーカーを替えたり、裏表があるマーカーを使って、ボールを動かしたときにはマーカーを裏返しに置くこと。こうすればよほど忘れっぽい人でない限り、戻し忘れることはないでしょう。

ついでにいっておくと、マーカーはボールの真後ろに置きますが、5インチ（12・7センチ）以上離れたところに置くと1打罰のペナルティが科されます。

第5章

私があなたのキャディなら……セルフプレーヤーに贈るゴルフの心得

Important things when playing golf by yourself

プロのゴルフは安全運転
アマチュアのゴルフは無謀運転

ティショットは思いきり飛ばして距離を稼ぎ、2打目以降ではできるだけグリーンに近づけたりピンを狙い、アプローチではあわよくばチップイン、パットはすべてカップ狙い。みなさんはこんなゴルフをしていませんか？

もちろん、そんなゴルフもあっていいと思います。想像しただけでもワクワクするし、そんなふうにやってうまくいったら楽しいに決まっています。でも、現実的には無理。いきなりティショットで躓《つまず》き、ほうほうの体でホールアウトするのが関の山です。

アグレッシブなゴルフがしたいと思うのは、プロがそんなゴルフをしているように見えるからでしょう。ドライバーで３００ヤード飛ばし、パー5では2打目でグリーンに乗せ、アイアンやアプローチではピンをデッドに狙い、パットを入れまくる……。

確かにプロはそんなプレーをします。そしてアマチュアゴルファーはそんなゴルフに憧れます。実際、私もプロゴルフの世界に足を踏み入れるまではそうでした。

でも、それはプロのゴルフにおいてはほんのワンシーンで、何年かに1回あるかないか。むしろみなさんが描いているようなド派手なプレーなど、一度もしないまま選手生活を終える人が大半といっていいでしょう。

ゴルフのスコアは安全運転でしかまとまらない

何だか夢を壊すようなことをいってしまって恐縮ですが、私がプロキャディになってわかったのは、**プロもみなさんが思い描いているようなゴルフに憧れているということ。**プロでさえ「今日こそは、それができるかもしれない」と日々思いながらラウンドを重ねているのです。

プロの誰もが「アマチュアっていいよなぁ」と頭のどこかで思っています。「自由にゴルフがやれて」というわけです。

変な話ですが、これが競技であり、ゴルフがスポーツたる所以なのでしょう。その道のプロが集まって競い合うからには結果を出さなければいけません。ゴルフにおいてはスコアをまとめることで、それには**安全運転をしなければならない**のです。

トッププロと呼ばれるプレーヤーは、常に安全運転の延長線上で勝負をしています。ティショットで100％近く振るのはフェアウェイが広いホールだけですし、ピンを狙うのは比較的安全なポジションにピンがあるとき。しかも8番アイアン以下のクラブがほとんどで、グリーンが止まりやすい、自信がある距離など、条件が整っているときだけです。

成功確率でいえば50％では狙わない、最低でも60～70％ないと自分から仕掛けることは

ありません。あるとすれば追いかける立場での優勝争いや、予選落ちするかもしれない崖っぷちにいるなど、一か八かのとき。ミドルアイアンより大きい番手ならグリーンをとらえれば大成功です。

トップになるのはミスを最小限に抑えたプレーヤー

とはいえ、条件が整った場面でもミスをすることはあります。絶好の見せ場でミスが出るとプロもさすがにショックを受けますが、攻めても安全な状況でミスが出る限りにおいては大ケガになることはありません。だから多くのバーディパットが打てる。外れてもパーですからスコアは落とさない。ショックは受けても、肝心要のスコアは無傷なので、何もなかったかのようにプレーが続けられるのです。

それがわかって以降、私の目にはプロよりアマチュアゴルファーのほうが、はるかにアグレッシブに映るようになりました。アグレッシブといえば聞こえはいいですが、プロの安全運転に対して無謀運転といったところ。自分の学生時代もそうだったので、振り返るとよくもまあ、あんなゴルフでプロになろうとしていたものだと恥ずかしくなります。

〝ゴルフはミスのスポーツ〟とよくいわれます。ミスとは道を踏み外すこと。踏み外さないためには安全運転をしなければなりません。もちろんレベルによって安全運転の仕方は変わりますが、どう見てもアマチュアよりプロのほうが安全運転。上手なゴルフの前に確

ハザードにつかまるのは安全運転していないから。ミスを取り返そうとするのも安全運転ではありません

かなゴルフをしています。

最終的にトップになるのは、ミスを最小限に抑えられたプレーヤー。何といっても相手は自然、ミスは絶対に起こります。

であるからこそ安全運転に徹することが大事。アマチュアゴルファーがスコアを崩すのは、安全運転を放棄した結果、ミスがミスを呼ぶからなのです。

ゴルフはラッキーとアンラッキーが織りなすゲーム

世の中にはいろいろなスポーツがありますが、その中でもゴルフはもっとも不公平な競技だと思います。

スタート時間の早いプレーヤーは、あまり人が足を踏み入れていない、きれいでいいコンディションのグリーンでプレーできますが、スタートが遅いとグリーンはどんどん荒れてボコボコになります。朝は雨で散々だったプレーヤーがいれば、途中でやんで一滴も降られることなくラウンドできるプレーヤーもいます。午前は穏やかだったのに、午後は一転して風が吹き荒れることもよくあります。

プロのトーナメントになると、天候のせいでスタート時間の遅い組がその日のうちに規定ホール数を消化できず、サスペンデッドになることも。そうなると翌日は18ホール回ればいい選手と、それ以上回らなければならない選手が出てきます。

こう見てくると、ゴルフはラッキーとアンラッキーでできているともいえます。基本的には不公平ですが、悪いことばかりではなく、いいこともあるのです。

フェアウェイにあるボールを見てください。すぐ隣にディボット跡がありませんか？

林に打ち込んだボールが木に当たって出てきたことはないでしょうか？　トップしたボールがコロコロ転がってグリーンに乗ることもあったはず。これらはすべてラッキーの成せる技です。

ラッキーとアンラッキーは同じだけやってくる

でも悲しいかな、人はラッキーをすぐに忘れてしまいます。よく見るとすごくラッキーなことが起こっているのに、いつの間にか当たり前のことになってしまうのです。

半面、身に降りかかったアンラッキーはなかなか頭から離れません。ナイスショットがバンカーに入ったり、キックが悪かっただけでOBになったり、たまたま入ったラフが逆目だったり……。負の記憶は強く残るので引きずります。そこでまたアンラッキーなことが起こるから、ますます堆積される。そうやって悪循環にハマり自滅してしまう。これはアマチュアの方に限らずプロでもあること。その間にもラッキーなことが起こっているのに一切見えなくなるのです。

プロキャディとして仕事をしてきた私も、数えきれないほどアンラッキーがありました。それでも40勝もできたのは、アンラッキーに勝るとも劣らないラッキーがあったからだと思います。そう、ラッキーとアンラッキーは同じだけやってくるのです。

ゴルフではラッキーよりアンラッキーがクローズアップされてしまいますがトータルすれば同じだけあります。ラッキーに目を向けてプレーしましょう

ラッキーを見失わないゴルフをしよう

それを実感するには、ラッキーもアンラッキーも同じように受け入れること。アンラッキーばかりが記憶されるのは受け入れきれていないからです。それが無理なら、もっとラッキーを感じてはいかがでしょう。ダフったけどフェアウェイ、ラフだけどライが良くてよかった、傾斜で止まったけどOBにはならなかった、といったように。

トッププレベルのプロほど、こういった発想をします。ラッキーがあればアンラッキーもあるので、「ミスショットしちゃったけど、その前のショットが林から木に当たって出てきてくれたからプラスマイナスゼロだね」みたいな言葉を交わすことがよくあります。そうやって口に出すことにより、ミスを帳消しにしているのかもしれません。

そんなことを知ってから、プレーヤーに何かが起こったときにキャディとして言葉をかけるようになりました。「グリーンには乗らなかったけど、最悪のライから最高のショットでしたよ」というように。こんなふうにいうとプロも落ち込みません。

もし、セルフで一緒に回っている仲間がアンラッキーに見舞われたら、無理にでもラッキーを見つけて声をかけてみてください。きっと感謝されると思います。また、人にそんな言葉をかけることで、ラッキーを見失わないゴルフができるようになるはずです。

スコアメイクの40%はマネジメントによって決まる

スコアをまとめるのに必要な要素はいくつもありますが、私は次のように考えます。その日の調子も含めた技術的な要素が50%、マネジメントが40%、運が10%です。

私にアドバイスできるのはマネジメントの分野ですが、そこにはコースをどう攻略するかを考えるコースマネジメント、そのためにどんなクラブを使うかというクラブマネジメント、メンタルコントロールなどのセルフマネジメントなどが含まれます。

キャディがいないセルフプレーの場合、コースマネジメントという点で大きなアドバンテージを失うことになります。そこでいくつかトータル的なコースマネジメントのコツをお教えしましょう。

ゴルフ場は通常18ホールのうち14ホールがパー4かパー5ですが、プロの場合、そこでは3打目をいかに楽に打てるかがポイントになります。パー4ならベストは短くてやさしいバーディパット、パー5なら同様にイーグルパットです。もちろん簡単にはいきませんが、バーディパットやイーグルパットが打てればスコアが後退する確率は断然低くなります。

アマチュアの方の場合、自分のレベルに合わせて、4打目、あるいは5打目をポイントにするといいでしょう。パーパット、もしくはボギーパットを打つことを目標にするのです。パーパットが打てれば90切り、ボギーパットが打てれば100切りが見えてくるはずです。

その際のマネジメントは、カップから逆算する形で行います。ティショットを打つ前にピンポジションを見ておき、たとえばグリーンの左寄りにピンがあったら、ピンが狙いやすいよう右サイドにティショットを打つ、という順序で考えるのです。パーオン狙いでなければ、最終的にピンに寄せやすくなるルートでボールを運ぶわけです。このように逆算するとティショットでドライバーが要らないケースも多く出てきて、必然的に安全運転がはじまります。

ティショットでドライバーを使わない、となった場合、アマチュアゴルファーはスプーン（3W）を持つことが多いですが、これはあまりに短絡的です。目標スコアに基づいた戦略によっては、ショートウッドやユーティリティ、アイアンでもいい。逆にいえば、そこまで視野を広げないとコースマネジメントを貫徹させることはできません。「やるなら徹底的に！」がマネジメントの鉄則です。

ゴルフは〝距離のスポーツ〟
飛距離を把握しないとはじまらない

ゴルフは〝距離のスポーツ〟です。ティショットを打つときはハザードまでの距離を測り、越せればドライバーを使い、越せなければそこまで届かないクラブを使う。グリーンを狙うショットでは、何ヤード打てばいいかを正確に把握しなければなりません。

いずれにしても、番手ごとの飛距離がわかっていないことには、狙い通りのショットは打てません。その前提でいうと、アマチュアの方は距離感がアバウトすぎます。

よく飛距離の目安として、7番アイアンで150ヤードといわれますが、常時150ヤード打てるのはトップアマのレベルで、アベレージゴルファーにはいません。ちゃんと当たったときに150ヤード飛ぶ人はいますが、ちゃんと当たらないのがアベレージゴルファーですから、150ヤードを7番で打っても届かないのです。

なぜ、こんなことになるのかというと、一番飛んだときの距離を基準にしているから。オーバーよりもショートすることが多いのはそのためです。

7番で打った場合、130ヤードのこともあれば、140ヤードのこともあるというのが現実です。150ヤード飛ぶことがあってもせいぜい10発に1～2発ですから、平均飛距離は140ヤード台と考えるのが妥当で、それが7番の飛距離なのです。

これはすべてのクラブにいえることです。プロの場合は番手ごとに10ヤード刻みで距離を設定できますが、アマチュアの方はそうはいきません。ですからせめて平均値で番手ごとの飛距離を割り出しておく必要があります。

打ったボールが止まったところで飛距離を割り出すのも、距離がアバウトになる原因です。番手ごとの平均距離を割り出す際も、基準となるのはキャリーの距離。ランの出方は落下地点の地面の硬さや傾斜、芝の長さなどでその都度変わりますから、一括りで考えることができません。

ショットにしろアプローチにしろ、プロがフェアウェイから打ちたがるのは、打ちたい距離を打てるからです。コースマネジメントはカップから逆算して行うことが多いですが、そうするには何ヤード残すのか、その距離を残すには何ヤード打てばいいかがわからないと戦略の立てようがありません。

とはいえ、いきなりすべての番手で飛距離を把握するのは難しいでしょうから、まずは好きなクラブや得意なクラブ、比較的ミスの少ないクラブの飛距離をつかんでみてはいかがでしょう。そのクラブを基準に前後の番手の距離を探っていくと、段階的に距離感の幅を広げていくことができると思います。

スコアメイクのカギを握るパットの練習機会をもっと増やそう

プロがトーナメントで優勝するのに絶対必要なのがグリーン上のパフォーマンス。優勝選手はほぼ例外なく「パットが良かった」「パットが入ってくれた」といった類いのコメントを残しています。ショットはダメだったけどパットに救われたという人も多い。実際、私がバッグを担いで勝利を目《ま》の当たりにしたプロは、みんなパットが素晴らしかった。朗報をもたらすのはスーパーショットではなく堅実なパットなのです。

プロの場合、多少ショットが悪くても、パットが安定していればスコアが大きく崩れることはありません。それどころか徐々にショットが良くなってきます。そんな場面によく出くわした経験から推し量るに、プレーの流れを左右するリズムがパットによってできているのだと思います。

パットのあとには必ずティショットを打ちます。パットが良ければいい気分で打てるわけですから、影響することは明白です。グリーンを狙うショットやアプローチも余裕をもって打てます。どこからでも2パットで上がれるなら、グリーン全体をターゲットにできます。「ワンピン以内に寄せないとヤバい」という心境で打つのと比べたら雲泥の差。

その余裕がいいショットにつながり、バーディが取れることもあります。

チップインできるのもパットがいいからこそです。ワンピン以内に運んでおけばＯＫの距離に寄せなくてもカップインできる。そんな気持ちで打つと打球がどんどんカップに寄ってくる。その最高の結果がチップインというわけです。

パットの重要性をプロは身をもって知っています。練習量が多いのはそのため。トーナメントではラウンドの前後に必ずパットの練習をします。日が暮れるまでパッティンググリーンで過ごす選手もいます。それだけにとどまらず、多くのプレーヤーが自前のパターマットを滞在先に持ち込んでいますし、マットはなくともパターだけは持ち帰る人もまた多い。片時も離さずにいることが上達の秘訣と考えているのかもしれません。

そう考えると我々アマチュアは練習量が少なすぎ。練習環境がないといえばそれまでですが、家でも手軽に練習ができるし、時間も大してかかりません。

何より効果が上がる。ショットは練習してもなかなかうまくなりません。練習場で打てるようになったところでコースに出ればライや風などいくつもの障害が待ち受けています。もちろんパットにも障害はありますがショットほどではありませんし、打てば打つだけ精度が上がり、感覚も養われて上達します。スコアアップしたければパットの練習をするのが一番の近道だと思います。

調子が悪いときには基本に返って安全なプレーを心がける

セルフプレーでは自分をコントロールすることも大事です。

誰だって思い通りにいかなければイライラするし、感情を爆発させたくなることだってあります。そんなときにどう対処すればいいか、どれほど役に立つかわかりませんが、私がプロと仕事をする中でやってきたことを紹介します。

その前に調子がいいときですが、ネガティブなことは考えず、とりあえず乗っかってしまうことです。あまりに調子が良すぎると、かえって居心地が悪くなり、トラブルに見舞われると逆にひと安心、みたいなマインドになる人もいますが、これはダメ。次にいいときがくるのはいつかわからないですし、もしかしたら二度とこないかもしれないですから、主役になったつもりで堂々と振る舞い、その瞬間を楽しみましょう。

調子が悪いときには、まず基本に返って安全なプレーを心がけることです。プロだったらセオリー通りにプレーする。ティショットならフェアウェイキープ、グリーンを狙うなら手前から、といったようなことです。ほとんどのプロは、そうしているうちに調子を取り戻します。我慢しているとご褒美がもらえるのです。

アマチュアの方の場合、特定のクラブがまったく当たらなければ、それは使わない、ハザードは徹底して避ける、パーオンは狙わない、といったように、できることを確実に遂行する。スコアは気にせず、1ホール、1ホールをしっかり完結させるつもりでコツコツ消化する。何とかしようともがくほど深みにハマります。

1ホールで8打、9打と叩いてしまうと、あたかもそこで終わったような気になってしまうものですが、ゴルフはそういうゲームではありません。**叩いたからといってゲームオーバーにはならないのですからラッキーなんです。**

こんな感じで目の前のことを淡々とこなしていくと、意外と普通のスコアだったりするもの。上がってみたら叩いたのは1ホールだけで、スコア的には普通だったりするものです。叩いたからといってキレたら、終わったときに後悔します。

調子が悪いときこそ謙虚に安全運転。待てば海路の日和ありです

ミスの原因の多くはリズムの乱れ おかしいと思ったら何かを食べて間をとる

ゴルフの内容とリズムは密接な関係があります。ショットの調子がいいプレーヤーはスイングリズムが良く、いいスコアで回っている人はリズム良くプレーできています。もちろん、リズムは人それぞれ違いますが、自分とはリズムが違う人でも側から見るといいリズムに見えるから不思議です。

リズムが悪い人もすぐにわかります。ゴルフでは内容がイマイチの人はリズムが早くなります。スイングが早ければ、歩くのも早い。遅すぎて悪くなっている人はまず見ません。これはプロ、アマ問わずいえることです。

セルフプレーでは自分のリズムが早くなっていることになかなか気づけません。誰かがいってくれればいいですが、各々自分のプレーで精一杯だと、とても人のことまで考えてあげられないので無理からぬところです。

ですから、どこかがおかしいと感じたら、まずはリズムを疑いましょう。とはいえ、早くなっているかわからないのに、いきなりゆっくりやるのも難しいでしょうから目先を変えます。

私がキャディとしてやっていたのは、**何げなくボールを取り替える、グローブを替える、**といったこと。**ペットボトルの水を手渡す**こともありました。水分補給はスポーツには欠かせないもの。ウォーターローディングといって喉が渇く前に水を飲むことが大事なのですが、水を飲むことで一息つけるので一石二鳥なのです。私の場合は、リズムが早くなっているいることをプロに気づいてもらうためにやっていましたが、みなさんは自分のためにやるのです。

何かを食べるのも効果があります。スナック菓子やチョコレート、ガムなどを携帯しておき、おかしいなと思ったときに口に入れます。特にチョコレートは短時間で疲労を回復する効果があるのでおすすめです。

ある女子トーナメントの最終日、バックナインの終盤に選手が疲れてきたところで渡そうと、選手のマネジャーからチョコレートをもらっておいたことがあります。あいにく同組の3人はスコアがイマイチで、重い雰囲気のラウンドでした。

そんなタイミングで、ここぞ、とばかり3人にチョコレートを配って食べさせたところ、何と3人が揃ってバーディを取ったのです。バーディが取りやすい短いパー4だったこともありおあつらえ向きだったのでしょう。ちなみに、韓国人選手のキャディをするときには、1時間に1回は、何かを食べさせるようにいわれていました。さっそく次のラウンドで試してみてはいかがでしょうか。

練習場とコースはまったくの別物 マニュアルではなく感性を頼りにラウンド

この本を読んでいただいているアマチュアの方のほとんどは、大人になってからゴルフをはじめておられると思います。そんな方は、ショットやアプローチ、パットを理論的に覚えてきているはず。形から入っているといってもいいでしょう。

少ない時間でとりあえずラウンドできるようなるには理屈から入らないと難しいですから、きわめてまっとうな覚え方だと思います。おそらく練習場では、きっちりボールの位置を決め、テークバックの上げ方やトップの位置や形を気にしたり、タメを作ることを目的にダウンスイングしたりする、といった感じで、いわばマニュアル的にスイング作りを進めてこられたと思います。

それはそれでいいのですが、アマチュアの方のラウンドにご一緒していると、練習場のゴルフをそのままコースに持ち込んでいる方がとても多いように感じます。ミスが出るとその原因を探り、マニュアルに沿って修正しようと試みるのです。

コースは練習場とはまったく環境が違います。たとえば練習場の足元にはマットが敷いてあり、それに倣ってアドレスすれば、特に意識しなくてもスクエアに近い状態で立つことができますし、それに合わせてボールの位置を決めれば、毎回ほぼ似通ったアドレスで打てるでしょう（まあ、それでもなかなか当たらないわけですが……）。

プロの最大の武器は感性

一度コースに入れば足元に指標となるものはありません。ターゲットに対してスクエアにアドレスできているか定かではありませんし、おまけに地面も平らではないので、練習場のアドレスとは似て非なるものになります。

ですからうまく打てないのは当然で、その原因はスイングそのものにないことが多いのです。つまり、スイングをチェックしても大抵はお門違いで、修正するどころか、かえっておかしくなるリスクが高くなります。

プロはそれがわかっていますから、ラウンド中にスイングをいじることはしません。前述したようなことが原因で、ショットが乱れることがわかっているので、アドレスそのものや正しくターゲットの方向を向けているか、といったことを入念にチェックするのです。

加えてプロには感性という強力な武器があります。微妙な傾斜を感じとる足裏の感覚、的確に風を感じる皮膚感覚、状況によって球筋を打ち分けるのも技術よりは感性によるところが大きいと思います。

その感性がいかんなく発揮される場所がグリーンです。キャディはプロの一助になるようにラインを読みますが、正確に読めたからといって必ずしもカップインするとは限りません。見た目はきれいでも、ボール目線で見たら表面はデコボコだし、ボールの回転も常に一定というわけではありません。

ですから普通に考えたら10メートルのパットなど入るわけがありません。実際、2メートルをワンパットで沈める確率は世界のトッププロでも60％程度です。

それでもプロはカップに寄せてくる。どんな複雑なラインでも、カップに向かってボールを転がしてきて、時にはカップインさせることさえあります。

感性はイメージによって引き出される

ここまでくると、データだのセオリーだのの問題ではなく、すべては感性の問題。他人には理解し難い何かを拠り所にパットを打っているとしか考えられません。

プロのような感性は、豊かな経験によって培われている部分が多いと思いますが、感性自体は誰にでも備わっています。プロには及ばなくても、あなたにはあなたなり、私には私なりの感性があります。

経験がある人も多いと思いますが、何においても調子がいいときは何も考えていません。体が勝手に動いたり、流れるように事が運んでいったりします。そんなとき、人間は感性で動いているのだと私は思います。

感性はイメージによって引き出されるようです。プロは打つ前に必ず球筋やボールの転がりをイメージしますが、明確にイメージできたときほど結果がいいといっているからです。描いたイメージを言葉にする練習はイメージを明確化するためなのでしょう。

私があなたのキャディをしていると仮定して、あなたのショットが乱れたり、アプローチやパットが思った通りに打てなくなったら、私は「もっと自由にやりましょう！」とアドバイスします。

ちゃんと練習をしてきたのですから動きは体が覚えています。それを引き出せないのは感性が働いていないから。マニュアル的なことは全部忘れて、何なら素振りもせず、自分の感性だけに頼ってプレーすることで、眠っていた部分が覚醒してくると思うからです。

イメージを膨らませることで感性が働きはじめます

あとがき

いかがだったでしょうか？　セルフプレーで役立つ、あるいは欠かすことのできないラウンドでの作法を、ラウンド前からグリーンまで、時系列に沿って紹介してきました。中にはすでにご存じの内容もあったかと思いますが、わかっていてもやっていなかったり、忘れてしまったりすることもあるので再確認していただけたなら幸いです。

ゴルフの楽しみのひとつにプレーヤー同士のコミュニケーションがあると思います。これまでのラウンドで得た経験や出来事をお互い語り合ったり、コースマネジメントについて話し合ったり、お互いのパッティングラインを読み合ったりする。お互いをカバーし合うことで楽しい時間を共有でき、スコアアップまでできるかもしれないからです（もちろん競技ではできませんが）。

セルフプレーはこれがもっともやりやすいプレースタイルです。ただ、コミュニケーションをとろうにもネタがないと会話ができませんよね。

そんなときに思い出してほしいのが本書の内容です。「そういえば、こんなことが書いてあったな」くらいでもいい。たとえ実践していなくても、知識として頭に入れておいていただければコミュニケーションツールになります。

技術の習得と違って知ればいいだけ。知ったら誰でもできることですから、やればいいだけ。きわめてシンプルです。いずれにしても、本書が何らかの形でみなさんの手助けになれば喜ばしい限りです。

僭越ながら最後に一つ宣伝をさせていただきます。私が副代表理事を務める一般社団法人日本プロキャディー協会では、所属プロキャディが一緒にコースを動きながらコースマネジメントをお教えする講習を実施しています。指導は本書の実践編とでもいうべきもの。トーナメントの裏話なども聞けて楽しくラウンドできるので、興味のある方はぜひご利用ください。きっとゴルフに対する考えが変わると思います。最後までお付き合いいただき、ありがとうございました。

末筆になりますが、本書の出版にご協力くださった河出書房新社の稲村光信さん、構成者の岸和也さん、編集の菊池企画の菊池真さんに厚く御礼申し上げたいと思います。ありがとうございました。

清水重憲

清水重憲（しみず　しげのり）

1974年生まれ。大阪府出身、近畿大学卒。男女プロゴルファーの優勝をアシストしてきたプロキャディ。ツアー帯同優勝回数は40勝。韓国人美人プロのイ・ボミ選手とキャディ契約、参戦していたのは有名。

2015年には、イ・ボミプロは7勝し、日本ツアー賞金女王、男女日本ツアー最高獲得賞金達成へと導き、そのころから“優勝請負人”と呼ばれている。

著書は、『プロゴルファーも知らない優勝請負人キャディのシークレット・メモ』、『優勝請負人キャディの最強マネジメント術 プロのゴルフ アマのゴルフ』、『優勝請負人キャディが教える プロの攻め アマの攻め 実践編』（すべて主婦の友社）他。

■コースマネジメント講習お問い合わせ先
一般社団法人日本プロキャディー協会
TEL 03-6860-8572

ゴルフ セルフプレー時代《じだい》の超一流《ちょういちりゅう》キャディのアドバイス

二〇二四年九月二〇日　初版印刷
二〇二四年九月三〇日　初版発行

著　者……清水重憲
発行者……小野寺優
発行所……株式会社河出書房新社
〒一六二-八五四四　東京都新宿区東五軒町二-一三
電話〇三-三四〇四-一二〇一（営業）　〇三-三四〇四-八六一一（編集）
https://www.kawade.co.jp/

構成……岸 和也
写真……圓岡紀夫、シャーリーズ・Y
ブックデザイン・組版……清水洋子
協力……千葉セントラルゴルフクラブ、Thaigar・K、サザンヤードカントリークラブ
編集……菊池企画
企画プロデュース……菊池 真
印刷・製本……三松堂株式会社

Printed in Japan　ISBN978-4-309-29424-7